GERHARD KAPITZKE
BAROCKE PFERDE

GERHARD KAPITZKE

BAROCKE PFERDE

SCHÖNHEIT DER RASSEN
REITEN ALS KUNST

KOSMOS

Mit 96 Fotos von Gerhard Kapitzke (78), Naturfoto Hans Kuczka (7, inklusive Vor- und Nachsatzfoto), Lothar Lenz (2), Hardy Oelke (1), Michael Schäfer (1), Angelika Schmelzer (1), Ulrich Schnitzer (3), Edgar Schöpal (2), Christiane Slawik (1); Illustrationen (85) von Gerhard Kapitzke; 10 Abbildungen zeitgenössischer Darstellungen.

Umschlaggestaltung von Atelier Reichert, Stuttgart unter Verwendung eines Fotos von Gerhard Kapitzke: Der Spanische Schritt, gezeigt von Ellen Graepel auf dem Cartujanohengst Alamin.

Die Deutsche Bibliothek – CIP-Einheitsaufnahme

Kapitzke, Gerhard:
Barocke Pferde : Schönheit der Rassen ;
Reiten als Kunst / Gerhard
Kapitzke. – Stuttgart : Kosmos, 1997
  ISBN 3-440-07324-6

kosmos Bücher · Videos · CDs · Kalender · Seminare
zu den Themen: Natur · Garten und Zimmerpflanzen · Astronomie · Heimtiere · Pferde & Reiten · Kinder- und Jugendbücher · Eisenbahn/Nutzfahrzeuge
Nähere Informationen sendet Ihnen gerne Kosmos Verlag · Postfach 10 60 11 · 70049 Stuttgart

© 1997, Franckh-Kosmos Verlags-GmbH & Co., Stuttgart
Alle Rechte vorbehalten
ISBN 3-440-07324-6
Lektorat: Cordula Beelitz-Frank
Herstellung: Lilo Pabel
Printed in Italy / Imprimé en Italie
Satz: Typomedia Satztechnik GmbH, Ostfildern
Druck: Printer Trento S.r.l. Trento

Kosmos Verlag Mitglied in der
Deutsche Vereinigung zum Schutz des Pferdes e.V.
Wienkamp 11 rechts
46354 Südlohn

Barocke Pferde

Reitkunst ohne Richterspruch 7

Fundamente westlicher Reitkultur .. 11
Das Reiter-Erbe der Kelten 15
Der Pferdetyp begründet die Reitweise 17
Iberische Pferde: Andalusier und Lusitano 18
Vorläufer barocker Pferde: Neapolitano 20
Prunkpferd der Habsburger: Lipizzaner 21
Marschpferd der Niederlande: Friese 23
Der Parthenonfries 24
Meilensteine klassischer Dressur: Von Griso bis Guérinière 31

Inhalte der klassischen Reitweise ... 37
Elastisch wie eine Stahlfeder 43
Aufrichtung und Beizäumung 48
Der ranghöchste Artgenosse 51
Dressur am Vorbild der Natur 53

Stätten klassischer Reitkunst 61
Iberien
Stierkampf zu Pferd 65
Iberische Reitkunst 68
Frankreich
Der Cadre Noir in Saumur: Romanische Eleganz 73
Österreich
Die Spanische Reitschule in Wien: Hüter barocker Tradition 76
Deutschland
Enklave der Reitkunst: Egon von Neindorff 78
Rancho Andaluz: Ellen Graepel 81
Tänzer an leichter Hand: Richard Hinrichs 86
Cavalleria Classica: Geschwister Jung und Klaus Möhle 89

Das höchste Glück der Erde 93

Register 96

Reitkunst ohne Richterspruch

Leichtfüßig tänzelt der iberische Hengst im Schwebetritt der Passage, tief gebeugt in den Hanken verharrt der Lipizzanerschimmel in der Denkmalshaltung der Levade, mit flatterndem Behang hüpft der Friesenrappe in die Kurbette – Lektionen der Hohen Schule, Ausdruck höchsten reiterlichen Anspruchs!

Gleichwohl stellt sich die Frage, ist klassische Dressur antiquiertes Relikt längst vergangener Zeiten? Oder ist sie zeitloses Erscheinungsbild zentaurischer Einheit zwischen Mensch und Tier, die sich, allein vom Selbstzweck getragen, in ihrer höchsten Vollendung auf dem Gipfel der Kunst bewegt?

Barockes Reitverständnis hat im 18. Jahrhundert der Übermacht militärischer und sportlicher Reitauffassungen weichen müssen, die grundsätzliche Kommunikation zwischen Reiter und Pferd jedoch ist bis heute die gleiche geblieben. Das Prinzip intuitiver Verständigung zwischen beiden Partnern kann nicht veralten, es kann allenfalls variieren, wie unterschiedliche Reitweisen verdeutlichen, die in ihrem Ursprung zumeist einem bestimmten Gebrauchszweck dienen, beispielsweise das Westernreiten dem Herdentrieb, das „Gangpferdereiten" dem bequemen Transport des Reiters, der Dressursport dem Wettbewerb. Die klassische Dressur hingegen erhebt den Anspruch, frei von jeder Zweckbestimmung allein Ästhetik und Schönheit, Formvollendung und tänzerischem Bewegungsablauf, mithin nur sich selbst verpflichtet zu sein.

Die Gleichförmigkeit sachlich-nüchternen Wettbewerbs, Beschränkung auf wenige, nahezu gleichartige Pferderassen und eng gefaßte Rahmenbedingungen im Turniersport ließen viele aktive Reiter nach alternativen Reitweisen und Pferderassen des Auslands Ausschau halten, um persönliche Vorstellungen der Reitausübung in die Tat umzusetzen. Islandpferde und amerikanische „Gangpferderassen" tölten mittlerweile auf kontinentaleuropäischem Boden. Western-Horses beweisen ihre flinken Reaktionen in Manövern des Herdentriebs. Die Wahl der Reitweise wie der Pferderasse entzieht sich vergleichender Wertung und bleibt individueller Neigung vorbehalten. Jede Reitdisziplin verfolgt ihre bestimmte Zielsetzung, die eine kann nicht gegen die andere aufgewogen werden. Ein übergeordneter Aspekt indes hat für alle Reitweisen gleichermaßen

Dressur-Quadrillen mit Barockpferden und historisch kostümierten Reitern, zu Klängen klassischer Musik vor dem Ambiente barocker Schloßgärten, erfreuen sich im Publikum zunehmender Beliebtheit. Höfische Feste scheinen zu neuem Leben erweckt.

Die Passage, der tänzerische Schwebegang, ist eine Eigenheit barocker Pferderassen. Wie fast alle Lektionen der Hohen Schule hat der Imponiertrab seinen Ursprung jedoch im natürlichen Verhalten des Pferdes. Lipizzanerhengst Conversano Wera unter Petra Gnade.

Gültigkeit, nämlich Gesundheit und Wohlergehen des Pferdes allen reiterlichen Forderungen voranzustellen.

Das Pferd hat wesentlichen Anteil an der Entwicklungsgeschichte der Menschheit. Durch Jahrhunderte in der Literatur als „herrlichstes Geschöpf der Erde" und „treuer Gefährte des Menschen" besungen, wurde ihm in der Praxis des rauhen Alltags nicht immer die gleiche Wertschätzung zuteil. In unserer Zeit wird die Existenz des Pferdes vornehmlich von der Gefühlswelt des Menschen getragen, als Luxusgeschöpf und Prestigeobjekt, als Freizeitpartner und geliebtes Familienmitglied am Haus. Vielleicht ist die Vermutung nicht ganz abwegig, daß sich das Los des Pferdes durch stärkere emotionelle Zuwendung des Menschen generell ein wenig gebessert haben könnte, zumindest was den sogenannten Freizeitbereich betrifft?

Das pferdefreundliche Publikum, des einseitigen Leistungsstrebens im Turniersport müde, wandte sich zunehmend schauträchtigen Hengstparaden der Staatsgestüte, Gala-Horse Shows, folkloristischen Reitveranstaltungen und Reiterspielen zu, die Leistungsdruck durch Spiel und Schauerlebnis ersetzen.

In der Vielfalt alternativer Reitweisen und Pferderassen im privaten Bereich trat auch die klassische Reitkunst zunehmend in das Licht der Öffentlichkeit. Dressurpferde iberischer und barocker Abkunft beweisen ihre Hochschulreife in anspruchsvollen Dressurlektionen, ihre Reiter, zumeist historisch kostümiert, bestechen durch perfekten Sitz und unsichtbare Hilfengebung. Schulreiter, die klassischer Dressurauffassung den Vorzug geben, lehnen dressursportliche Leistungsprüfungen oftmals ab, weil sie die Ansicht vertreten, daß wettbewerblicher Ehrgeiz und genormte Fußfolgen der Natur des Pferdes zuwiderlaufen und zwangsläufig zu Niveauverlust der reiterlichen Qualität führen müssen. Nicht wenige Reiter, vor allem Reiterinnen, die sich für die klassische Reitweise begeistern, konnten zuvor im Dressursport beträchtliche Erfolge verbuchen. Sie wandten sich ab vom Sportgeschehen, weil sie Reiten nicht mehr als Mittel zum Zweck des Gewinnens, sondern als reinen Selbstzweck, der die Kunstform auszeichnet, auszuüben gedachten.

Persönliche Gestaltung des Reitens, die ihre Zielvorstellung an der natürlichen Wesenheit und dem individuellen Vermögen des Pferdes mißt und auch seiner Psyche fundamentale Bedeutung einräumt, ist für den Schulreiter Grundlage seines Reitverständnisses. Die Inhalte klassischen Dressurreitens fordern den Reiter geistig, weil er über wissenschaftliche Details des Pferdeverhaltens und physikalische Gesetzmäßigkeiten der Anatomie informiert sein muß; sie fordern ihn emotional, weil er seine Gefühlswelt mit der Psyche des Pferdes in Einklang bringen muß; sie fordern ihn körperlich, weil unsichtbare Hilfengebung bewußte Beherrschung der Körperkräfte voraussetzt, und sie verlangen letztendlich, daß er die Zusammenhänge erfaßt und erfühlt. Passion für klassische Reitkunst ist kein Sport, sondern eine Lebenseinstellung, ein Reifeprozeß über Jahre, der die Persönlichkeit bildet und festigt, der dem Reiter philosophische Erkenntnisse vermittelt und vielleicht – bei entsprechender Begabung – die Tore zum Olymp der Kunst öffnet.

Fundamente westlicher Reitkultur

Die Geschichte des Reitens begann vor fünftausend Jahren mit dem Transport des Menschen auf dem Pferderücken. Zaum und Zügel lenkten das Pferd in die gewollte Richtung, Sporn und Peitsche trieben es zur Eile. Auf gebogenen Lauflinien, die sich spiralig verengten und schließlich in der Drehung um sich selbst mündeten, unterwarf der Reiter das Pferd seinem Willen. Die fließende Kehrtwendung aus vollem Lauf ermöglichte dem Lanzenreiter bei der Jagd auf den Urstier rasche Flucht vor tödlichen Hörnern und entzog den berittenen Krieger im Reiterkampf Mann gegen Mann der Reichweite des feindlichen Schwerthiebs.

Die Gebrauchsreiterei iberischer Vaqueros ist ein ursprüngliches Element der klassischen Reitweise. Zahlreiche Manöver, die der berittene Kampfstierhirt in seinem Handwerk ausübt, finden in ausgefeilten Lektionen der Hohen Schule ihre künstlerische Vollendung. Die fließende Kehrtwendung um die Hinterhand auf engstem Kreis im Viertaktgalopp vermag dem Vaquero beim Angriff eines Stieres das Leben zu retten. Die Fluchtreaktion findet ihre Entsprechung in der ausgeformten Pirouette der Hohen Schule.

Hinterhandwendung in fünf Phasen einhändig im Viertaktgalopp. Andalusierhengst Piropo unter Ellen Graepel.

Für Jäger und Krieger im Sattel war das Kreiseln um die Hinterhand Mittel zum Zweck, tödliche und lebensrettende Manöver auszuführen. Für den höfischen Dressurreiter des Barocks indes, der sich allein der Kunstfertigkeit des Reitens verschrieben hatte, geriet die Kehrtwendung zum Selbstzweck, zum Prüfstein für höchste Rittigkeit und tänzerische Eleganz des Pferdes. In der Gebrauchsreiterei der Gegenwart beflügelt die Hinterhandwendung den Vaquero, wenn er aggressiven Kampfstieren ausweichen oder die Flucht ergreifen muß, in der Arena erlaubt die Kehrtwendung dem Stierkämpfer

12 *Fundamente*

zu Pferd, den Stier mit täuschenden Manövern zum Narren zu halten. Als eine der schwierigsten Lektionen der Hohen Schule verkörpert die Pirouette den beweiskräftigen Drehpunkt für vollendete Harmonie zwischen Reiter und Pferd. Vor die Wendung freilich, in der das Pferd auf gebeugter Hinterhand kraftvoll federnd herumschwingt, haben die Götter die Versammlung gesetzt, jenen elastischen Spannungsbogen, der das Pferd in „stolzer Haltung" rundet und gewaltlos beherrschbar macht.

Die Wanderlust des sagenumwobenen keltischen Reitervolkes, dessen Herkunft sich im Dunkel der Geschichte verliert, erstreckte sich im ersten Jahrtausend v. Chr. über ganz Europa. In zwei

Der elastisch gerundete Spannungsbogen aus der Hankenbeuge bis zur freien Aufrichtung der Kopf-Hals-Partie ist Merkmal der klassischen Reitweise. Vorbildliche Versammlung im Schulgalopp beim Einsprung in die Pirouette. Cartujanohengst Alamin unter Ellen Graepel.

Fundamente

Klassisch ausgeformte Pirouette der Hohen Schule im Dreitaktgalopp in vier Phasen. Lipizzanerrappe Maestoso Gratia unter Richard Hinrichs.

Einwanderungswellen überqueren die Kelten auch die Pyrenäen (8. und 5. Jahrhundert v. Chr.) und verschmolzen mit den Ureinwohnern der iberischen Halbinsel. Auf ihrer Wanderung gen Westen führten sie ein kleines, südklimatisch geprägtes Pferd, das sogenannte Keltenpony, mit sich. Pferde nahmen im Leben der Kelten eine zentrale Stellung ein und genossen höchste Wertschätzung. Epona, die Schutzgöttin der Pferde, war eigens für deren Wohlergehen zuständig. Griechische und römische Geschichtsschreiber schildern die Kelten als leidenschaftlich und exzentrisch, individualistisch und schöpferisch, furchtlos und kampfesmutig. Ihre Reitkünste erregten allseits Bewunderung. Bei ersten Zusammenstößen mußten Griechen und Römer zahlreiche Niederlagen hinnehmen, bis es ihnen gelang, die Kelten als Söldner zu gewinnen. Das innige Verwachsensein der Keltiberer mit dem Pferd mochte pferdeunkundige und abergläubische Völkerstämme inspiriert haben, die verwegenen Reiter als Fabelwesen halb Mensch halb Pferd zu deuten, die in zentaurischer Gestalt als unbesiegbare Kämpfer und lüsterne Schürzenjäger die Sagenwelt der Antike unsicher machten.

Das Reiter-Erbe der Kelten

Keltische Pferdepassion ist bis in die Gegenwart lebendig geblieben. Nachfahren der Kelten in Irland und Britannien, Frankreich und Iberien genießen weltweit den Ruf, begabte Pferdezüchter und Reiter zu sein. Iberer legten einst das Samenkorn für die westliche Reitkultur, Franzosen verhalfen ihm zum Wachstum und brachten es zur Hochblüte.

Eine Anekdote besagt, daß ein keltischer Pferdenarr, der von einem Pferd getreten worden ist, zuerst den Huf besorgt auf Unversehrtheit untersucht, bevor er den Schmerz am eigenen Körper zur Kenntnis nimmt – er lastet die Schuld nicht dem Pferd an, sondern sucht die Ursache für das Fehlverhalten zunächst bei sich selbst, ein Pferdeverständnis, das sich sinngemäß jeder Reiter zu eigen machen sollte.

Die Kelten, denen die Erfindung der versammelten Reitmethode zugeschrieben wird, verdankten ihre überlegene Reitweise indes nicht allein ihrer reiterlichen Erfindungsgabe. Ein glücklicher Umstand der Natur ließ sie auf der iberischen Halbinsel auf einen bodenständig gewachsenen Pferdetyp stoßen, der ihr Keltenpony an Größenwuchs und Rittigkeit weit übertraf. Während das Keltenpony

Keltiberische Pferdestatuetten, beigezäumt und in versammelter Haltung dargestellt. Typische Merkmale des frühen iberischen Pferdetyps, wie hoher Halsaufsatz, Ramskopf (oben), kurzer Rücken und abschüssige Kruppe sind erkennbar (Südspanien 4. Jahrh. v. Chr.)

Eiszeitliche Darstellungen des Ramskopfpferdes mit hohem Halsaufsatz und schlankem, ausgekehltem „Reitpferdhals". Oben: Malerei aus der Höhle von Pileta bei Ronda, Andalusien. Unten: Kleinplastik vom Vogelherd im Lonetal, Württemberg.

eher nur dem Transport von Menschen und Lasten dienen konnte, erfüllte das iberische Pferd höhere reiterliche Ansprüche, die wendige Kampfmanöver erlaubten.

Der iberische Pferdetyp geht auf eine eiszeitliche Wildform der iberischen Halbinsel zurück, die sich bereits vor der Domestikation ohne züchterische Eingriffe des Menschen durch „Reitpferdmerkmale" und einen schlanken Ramskopf auszeichnete. Mit diesem sogenannten Ramskopfpferd hatte die Natur bereits ein „Reitpferdmodell" in Rohfassung geschaffen, dessen Körperbau reiterlicher Dressur entgegenkam. Das heute noch teils wildlebende portugiesische Sorraiapferd, das in seinem Erscheinungsbild züchterisch kaum eine Veränderung erfahren haben soll, gilt als direkter Nachfahr des iberischen Wildpferdes. Das schicksalhafte Zu-

Sorraiapferd, vermutlich direkter Nachfahr des eiszeitlichen Ramskopfpferdes, gegenwärtig noch in geringen Populationen in halbwilder Haltung in Ödlandgebieten Portugals lebend. Die langen Körperlinien lassen das „Reitpferdmodell" erahnen.

sammentreffen keltischen Reitverständnisses mit dem iberischen Pferd gebar eine Reitweise, die wir heute dressurmäßige Versammlung nennen. Fortan durch viele Jahrhunderte systematisch und zielgerichtet allein auf Rittigkeit gezüchtet, erfüllten das iberische Pferd und verwandte Barockrassen bis in die Gegenwart die Voraussetzungen für höchste Dressuransprüche.

Im 19. und 20. Jahrhundert, als Militär und Sportgeschehen mit dem Aufblühen der Vollblut- und Warmblutzucht ein leistungsbetontes Reitverständnis prägten, verschwanden Barockpferde und klassische Reitauffassung weitgehend von der Bildfläche Europas. Nur auf der iberischen Halbinsel und in der Spanischen Reitschule blieb die Tradition klassischen reiterlichen Anspruchs erhalten. Erst in den letzten Jahrzehnten, im Sog der zunehmenden Popularität des Freizeitreitens, fanden auch iberische und barocke Pferderassen und anspruchsvolle Dressur als Selbstzweck in ständig wachsender Zahl passionierte Freunde.

Sorraiapferd, Junghengst einer wildlebenden Herde in Portugal. Typisch sind falbe und falbgraue Fellfarbe, oftmals dunkle Färbung der unteren Kopfpartie, Aalstrich, schlanker, ausgekehlter Hals, Ramskopfform und gelegentlich zebroide Streifungen in der Jugend.

Der Pferdetyp begründet die Reitweise

Ein Pferd, das versammelt geritten werden soll, muß die körperlichen und mentalen Voraussetzungen eines „Reitpferdmodells" besitzen, damit sich der gesamte Pferdekörper wie eine elastische Stahlfeder unter dem Reiter runden kann. Der Zusammenklang ausgeprägter Körperpartien, wie ein langer und schlanker, hochaufgesetzter und gewölbter, an den Ganaschen ausgekehlter Hals, eine schräge Schulter, ein kurzer Rücken, eine schräge Kruppe mit „säbelbeinigen", weit untersetzenden Hintergliedmaßen, die sich stark winkeln können, sind physische Merkmale, die Dressurfähigkeit versprechen. In der psychischen Substanz sollte das Dressurpferd lernfähig und sensibel, temperamentvoll und dennoch von gleichmütigem Wesen sein, um Dressuraufgaben gelassen und ohne Ängste ausführen zu können.

Kompakte Körperformen hingegen, wie ein tief angesetzter und kurzer, unterwärts stark bemuskelter und unausgekehlter Hals, eine steile Schulter, ein langer Rücken mit waagerechter, kurzer Kruppe und steilen Hintergliedmaßen, stehen naturgemäß der Versammlung entgegen. Ein derartig gebautes Pferd in versammelte Form zwingen zu wollen, wäre ein vergebliches Unterfangen und eine Quälerei für das Tier.

Die überragende Rittigkeit des iberischen Pferdes und seiner Verwandten erspart dem Dressurreiter einen beträchtlichen Anteil jener Mühen, die er für Vollblüter und Warmblutpferde aufwenden muß. Gezielte Zucht auf Dressurfähigkeit über Jahrhunderte nimmt die halbe Ausbildung vorweg und arbeitet dem Reiter in die Hand. Vollblüter hingegen werden allein auf Rennleistung gezüchtet, ein gelungenes Reitpferdmodell in der Vollblutzucht ist deshalb eher dem Zufall denn gezielter Zuchtwahl zu verdanken. Die Zucht des Warmblutpferdes entwickelte sich in nachbarocker Zeit nach Maßgabe militärischer und sportlicher Erfordernisse, die bestimmte Leistungskriterien in den Vordergrund stellten. Beide Sportpferderassen sind primär auf Schnelligkeit oder weiträumiges Gangvermögen, nicht aber vorrangig auf Rittigkeit gezüchtet. Die Schwierigkeiten, perfekten reiterlichen Sitz zu

Ein Reitpferdmodell, das alle Voraussetzungen für die Rundung des Spannungsbogens der Versammlung optimal erfüllt. Die Energielinie verläuft von den Hinterhufen über Hanken, Kruppe, Rücken, Hals und Genick bis zum Pferdemaul.

üben, sind erheblich größer als im Sattel iberischer Pferdetypen, weil der Sattelwurf der menschlichen Wirbelsäule oftmals wenig wohlgesonnen ist. Zudem zeigt der Körperbau naturgemäß geringere Veranlagung für ausgeprägte Hankenbeuge, so daß das Ausmaß der Versammlung zumeist auf einen erweiterten Rahmen beschränkt bleiben muß.

Iberische Pferde: Andalusier und Lusitano

Der bodenständig gewachsene iberische Pferdetyp, zu dem gleichermaßen der spanische Andalusier (P. R. E. = Pura Raza Española) wie der portugiesische Lusitano zählen, kann sich in seiner angestammten Heimat auf einen eiszeitlichen Urahn berufen. Beide Rassen unterscheiden sich kaum, was Rittigkeit und Mentalität betrifft. Wenngleich im Verlauf der Jahrhunderte geringfügig Fremdblut in die Zuchten einfloß (z. B. Neapolitaner, Arabisches Vollblut u. a.), konnten sie ihre wesentlichen Eigenschaften bis heute bewahren. Dem Größenverhältnis beider Länder entsprechend ist die Pferdepopulation in Spanien erheblich zahlreicher als in Portugal. Die Hochblüte iberischer Pferdezucht entfaltete sich zum Ende der Maurenherrschaft (1492). Iberische Pferde, zu jener Zeit „Genetten" genannt, genossen höchste Wertschätzung in den Marställen europäischer Fürstenhäuser. Allerorten rühmte man Rittigkeit und tänzerischen Charme iberischer Pferde und ihre durchschlagende Vererbungskraft als Veredler in grobknochigen europäischen Pferderassen. Bis heute wird das Zuchtgeschehen auf der iberischen Halbinsel vorwiegend von privaten Züchtern wahrgenommen,

Andalusischer Hengst der „Spanischen reinen Rasse" (Pura raza española). Im 17. Jahrhundert ließ König Philipp III. von Spanien Neapolitaner einkreuzen, um das Kaliber zu verstärken. In letzter Zeit ist man bemüht, den orientalischen Typ stärker zu betonen.

Andalusischer Hengst der Cartujano-Stammlinie. Die vorbildliche Elitezucht wurde von Kartäuser-Mönchen durch die Jahrhunderte nahezu reinblütig erhalten und von passionierten Privatzüchtern bis in die Gegenwart fortgeführt.

Portugiesischer Lusitanohengst. Mehr noch als in Spanien sind in Portugal jene iberischen Pferdetypen stärkeren Kalibers vertreten, die das Erbe des einstmals eingekreuzten Neapolitaners tragen. In beiden Ländern werden sie als „germanischer Typ" bezeichnet.

kunst bis hin zu den Lektionen der Hohen Schule, sondern auch in der Gebrauchsreiterei der Vaqueros, die aggressive Kampfstiere hüten, und im Stierkampf zu Pferd in der Arena. Keine Pferderasse der Welt hat die Entwicklung der Reitkunst so entscheidend geprägt wie das iberische Pferd. Der vom iberischen Pferd stark beeinflußte barocke Pferdetyp beherrschte bis ins 18. Jahrhundert hinein die Zuchten europäischer Fürstenhäuser und das Reitverständnis der adligen Reiterwelt. Mit dem züchterischen Siegeszug der Vollblut- und Warmblutrassen begann eine vorwiegend von militärischen und sportlichen Gesichtspunkten geprägte Reiterei, die das Barockpferd von der europäischen Bildfläche verdrängte und die Reitauffassung veränderte.

die oftmals auf persönlichen Zuchtvorstellungen beharren und ein eigenes Brandzeichen führen. Die von spanischen Kartäusermönchen begründete und durch alle Kriegswirren der vergangenen Jahrhunderte beschützte und bewahrte Cartujano-Stammlinie gilt unter den Andalusier-Zuchten Spaniens als ursprünglichste und edelste mit der saubersten Blutführung. Die Elite-Stammlinie der Lusitano-Rasse ist das Altér-Real-Pferd.

Das iberische Pferd ist Reitpferd schon im Mutterleib. Überragende Rittigkeit und gutartiges Temperament, Wendigkeit und flinkes Reaktionsvermögen, Gelehrigkeit und Intelligenz, erhabene Aktion und tänzerische Bewegungsabläufe verleihen dem Dressurpferd par excellence ein unverwechselbares Erscheinungsbild. Iberische Pferde beweisen ihre Fähigkeiten nicht nur in der klassischen Reit-

Lusitano-Junghengst der Altér Real-Stammlinie, die vornehmlich im traditionsreichen Gestüt Altér Real gezüchtet wird. Die Portugiesische Schule der Reitkunst bevorzugt diesen stämmigen Lusitanotyp und besorgt Zuchtwahl und Leistungsprüfung.

Vorläufer barocker Pferde: Neapolitano

Das Königreich Neapel stand von 1502–1714 unter spanischer Herrschaft. Bodenständige italienische Pferderassen höfischer Zuchten, die noch Relikte „kaltblütiger" Merkmale der schweren Ritterpferde des Mittelalters trugen, zeichneten sich eher durch Größenwuchs und schweres Kaliber, als durch schwungvolles Gangvermögen und Rittigkeit aus. Um ihnen bessere Reiteigenschaften zu verleihen, wurden in großer Zahl leichte spanische Pferde zur züchterischen Veredlung importiert. Aus den Verkreuzungen entstand die Mischrasse des Neapolitaners, der Größenwuchs und Knochenstärke heimischer Landrassen mit Rittigkeit und erhabenem Gangvermögen spanischer Pferde verband. Die Mischzucht fand keinen nahtlosen Blutanschluß, da die „kaltblütigen" nordischen Erbanlagen mit dem südklimatischen Erbgut nicht immer harmonisch verschmolzen. Durch die Belastung widersprüchlichen Erbgutes geriet die Mischrasse wenig einheitlich, im äußeren Erscheinungsbild mendelten sich häufig Gebäudefehler und

Neapolitaner, zeitgenössischer Kupferstich aus der Reitlehre des Herzogs von Newcastle. Die großwüchsige Mischrasse zeigte aufgrund ihres problematischen Erbgefüges häufig grobe Gebäudefehler, so daß sie nicht immer die Rittigkeit des Originalspaniers erreichte.

„Genette", zeitgenössische Darstellung des iberischen Pferdes aus dem 17. Jahrhundert. Die Genetten (span. jineta, bedeutet sinngemäß „gutes Reitpferd") waren in jener Zeit allen Pferderassen an Rittigkeit überlegen und prägten die Zuchten vieler Fürstenhöfe.

übermäßige Ramskopfform heraus, aggressive Charaktereigenschaften machten dem Reiter durch Widersetzlichkeiten zu schaffen. Das erbgutgestörte Verhalten des Neapolitaners, das nach dem Wissensstand jener Zeit als pure Bösartigkeit gedeutet wurde, führte zu Mißverständnissen in der reiterlichen Ausbildung. Wahrscheinlich sind die brutalen Ausbildungsmethoden eines Federigo Griso in der Neapolitanischen Reitschule auch auf diesen Umstand zurückzuführen. Gleichwohl veredelte der Neapolitaner viele höfische Pferdezuchten Europas, die mit dem erblichen Nachlaß schwerer und klobiger Ritterpferde behaftet waren, weil er Größenwuchs mit Rittigkeit vererbte. Denn in früheren Zeiten wuchs die Mehrzahl aller Pferde kaum über ein Stockmaß von 150 cm hinaus, deshalb war Größenwuchs eine begehrte Eigenschaft, die vor allem Stammesobere, Ritter und Fürsten schätzten. In

nige Pferde eignen sich jedoch, ebenso wie in der Zucht des Kladrubers, für reiterliche Dressuraufgaben. Friesenrappen hingegen, ursprünglich ebenfalls vorwiegend Wagenpferde, wurden in den letzten Jahrzehnten züchterisch gezielt auf Dressurpferde selektiert.

Standbilder der italienischen Reiterführer Colleoni und Gattamelata aus dem 15. Jahrhundert. Die Vermischung dieses Pferdetyps, der an schwere Ritterpferde erinnert, mit leichten spanischen Pferden brachte im 16. und 17. Jahrhundert den Neapolitaner hervor.

denkmalähnlicher Höhe und Pose, Untergebene auf kleineren Pferden weit überragend, vermochten sie im Sattel großer Pferde auch optisch ihren Führungsanspruch zu bekräftigen. Das barocke Erbe des Neapolitaners tragen noch heute Lipizzaner, Friesen, Frederiksborger, Knabstrupper und Kladruber, letztere sollen die Eigenschaften der ausgestorbenen Rasse im äußeren Erscheinungsbild am deutlichsten bewahrt haben. Frederiksborger und Knabstrupper, als bodenständige Rassen in Dänemark heimisch, werden noch vereinzelt in privater Hand vornehmlich als Kutschpferde gezüchtet. Nur we-

Prunkpferd der Habsburger: Lipizzaner

Piber, das österreichische Bundesgestüt, ist die Zuchtstätte für den Pferde-Nachwuchs der Spanischen Reitschule in Wien. Das 1798 gegründete Gestüt diente überwiegend der Produktion von Militär-Remonten, erst 1920 erhielten die Lipizzaner in Piber ihre heutige Heimstatt.

Lipizzanerhengst, die anfängliche Mischzucht aus Karstpferden, altspanischen Pferden, Neapolitanern und Arabern ist über fünf Jahrhunderte durch systematisches Zuchtgeschehen zu einer weitgehend einheitlichen Rasse verschmolzen.

Die Lipizzanerzucht begann im alten habsburgischen Hofgestüt Lipica bei Triest (heute Slowenien) um 1580 mit bodenständigen Karstpferden und spanischen Genetten. Später veredelte man die Zucht mit Neapolitanern und Frederiksborgern, die alle spanisches Blut führten. Zu jener Zeit zeigten die Lipizzaner noch nicht die heute fast durchgehende Schimmelfarbe, vielfältige Fellfarben, Scheckungen und Fleckungen belebten das Bild der Mutterstutenherde. Nach dem ersten Weltkrieg fiel Lipica an Italien, nach dem zweiten Weltkrieg an Jugoslawien. Mit dem Ende der k. u. k. Donaumonarchie wurde die einstmals höfische Zucht nach Österreich verlegt und verstaatlicht. Während der Kampfhandlungen gegen Ende des zweiten Weltkrieges gelang es, die Lipizzaner in wechselnden Domizilen vor dem Zugriff der Sowjetarmee zu retten. Der Lipizzaner, ursprünglich eine Mischrasse, wurde über Jahrhunderte hinweg systematisch auf spezifische Eignung als Dressurpferd für höchste Ansprüche gezüchtet. Seine Dressureigenschaften gleichen weitgehend denen des iberischen Pferdes, obwohl er dessen Charme und tänzerische Leichtigkeit nicht immer erreicht. Die Bewahrung spanischen Blutes hatte durch die Jahrhunderte stets Vorrang, wenngleich sie nicht immer absolut reinblütig erfolgte. Nach dem Aussterben altspanischer Pferdetypen kreuzte man zur Blutauffrischung im 19. Jahrhundert Arabisches Vollblut ein. Die Lipizzanerzucht wird vornehmlich von sechs Hengst-Stammlinien bestimmt:

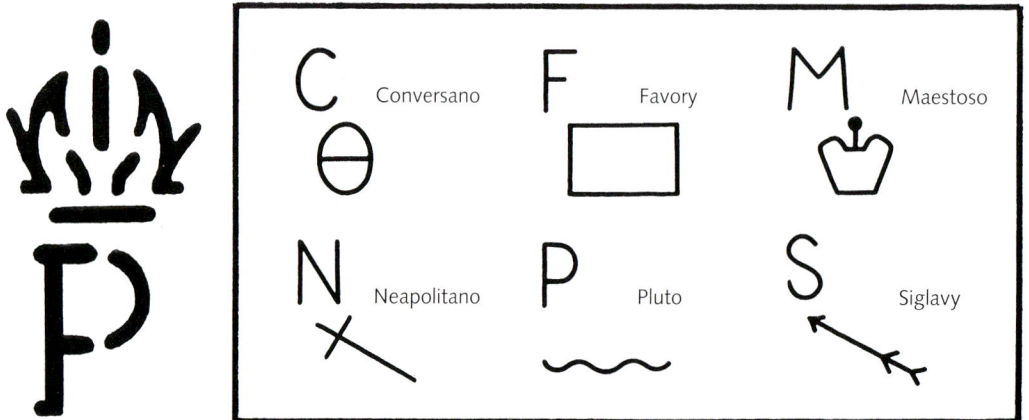

Brandzeichen des österreichischen Lipizzaners. Links: Gestütsbrand, linker Hinterschenkel. Rechts: Abstammungsbrände, linke Sattellage, der Buchstabe steht für die Stammlinie des Vaters, das zugehörige Symbol für die Stammlinie des Vaters der Mutter.

Pluto, Schimmel, geb. 1765, dänisches Hofgestüt Frederiksborg, rein spanische Abstammung.
Conversano, Rappe, geb. 1767, Neapolitaner.
Maestoso, Schimmel, geb. 1773, Hofgestüt Kladrub, Lipizzaner.
Favory, Falbe, geb. 1779, Hofgestüt Kladrub, Lipizzaner.
Neapolitano, Brauner, geb. 1790, Neapolitaner.
Siglavy, Schimmel, geb. 1810, Original-Araber.
Vorherrschend waren zumeist spanische und neapolitanische Bluteinflüsse.

Der Lipizzaner ist mit sieben Jahren ausgewachsen und erreicht leicht ein Lebensalter von dreißig Jahren. Hervorstechende Merkmale sind hoher Halsaufsatz, erhabene Aktion, Schimmelfarbe und höchste Dressurfähigkeit bis zu den Lektionen der Hohen Schule. Das weiße Haarkleid, dominierend durch orientalischen Bluteinfluß, hat sich erst im 19. Jahrhundert durchgesetzt, hin und wieder wird noch immer ein brauner oder schwarzer Lipizzaner geboren.

Marschpferd der Niederlande: Friese

Der Friesenrappe, ein temperamentvolles und gehfreudiges, warmblütiges Kutschpferd, das seine kaltblütige Vergangenheit nicht ganz verleugnen kann, verrät durch erhabenes Trabvermögen, steilen Halsaufsatz und edle Kopfform auf Anhieb den Bluteinfluß seiner spanischen Vorväter. Schon zu Beginn des 16. Jahrhunderts machten sich erste spanische Zuchteinflüsse in den Niederlanden bemerkbar. Als die Spanier wenig später acht Jahrzehnte lang (1568–1648) über die Niederländer herrschten, gelangten viele spanische und neapolitanische Pferde in das Küstenland, die allmählich mit bodenständigen schweren Marschpferden verschmolzen. Bald waren Friesenpferde als repräsentative Karossiers auch im Ausland gefragt. Beispielsweise hinterließen sie Zuchteinflüsse im dänischen Frederiksborger und im habsburgischen Kladruber. Im 18. und 19. Jahrhundert wurden ihre Qualitäten als imponierende Kutschpferde und als „Harddraver" in Trabrennen hoch geschätzt. Seit 1880 entwickelte sich systematisches Zuchtgeschehen, das bis heute kontinuierlich fortgeführt wird. In den letzten Jahren interessieren sich zunehmend Dressurreiter für das barocke Gangvermögen des Friesenpferdes. Der leichtere Körperbautyp mit kurzem Rücken, geringer Widerristhöhe und wendigem Galoppiervermögen verspricht die größere Eignung für dressurmäßige Lektionen unter dem Reiter.

Friesenhengst im Reitpferdtyp. Ursprünglich eine bäuerliche Mischzucht aus Marschpferden, Genetten und Neapolitanern, die im 16. Jahrhundert begann, wandelten sich Friesenrappen in den letzten Jahrzehnten durch gezielte Selektion vom Wagenpferd zum Reitpferd.

Der Parthenonfries

Die fortlaufende Reihe der in Marmor gemeißelten Reliefplatten am Parthenontempel der Akropolis in Athen schilderte den Ablauf der Panathenäen-Prozession, einen in vierjährigem Turnus stattfindenden Festzug zum Ruhme Athens. Das Bildwerk entstand in einem Zeitraum von fünfzehn Jahren (447–432 v. Chr.), als Schöpfer gilt der Bildhauer Phidias. Die Kürze der Schaffensperiode und Unterschiede in der Gestaltung lassen den Schluß zu, daß mehrere Bildhauer am Werk waren. Gleichwohl dominiert der gestalterische Einfluß des genialen Phidias, der die Führung innehatte und dem Bildwerk trotz vieler Schöpferhände einen relativ einheitlichen Stil aufprägte. Der 160 Meter lange Fries besteht aus insgesamt 118 Reliefplatten (jeweils 100 cm hoch und zwischen 120 und 160 cm lang). 62 Tafeln zeigen Reitermotive. Verwitterung, Zerstörung und Kunstraub verursachten im Laufe der Zeit starke Beschädigungen. Die meisten Originalplatten sind mittlerweile vom Tempel verschwunden, eine größere Anzahl weitgehend erhaltener Relieftafeln wurde vor dem Verfall gerettet und ist heute im British Museum in London zur Schau gestellt. Die Reliefs waren ursprünglich farbig bemalt und mit Zaumzeug und anderen Utensilien aus Bronze geschmückt. Witterungseinflüsse ließen die Farben allmählich verblassen. Die Bronzeausrüstung wurde von Metallräubern gestohlen, abgebrochene Bronzestifte und Bohrlöcher an Köpfen und Hälsen der Pferde zur Befestigung der Bronzeteile verraten die ursprünglichen Zutaten.

Reitertafeln aus dem Parthenonfries. Gewaltsame Zügelführung dominiert die Hilfengebung der Reiter. Die Aufrichtung der Pferde ist erzwungen. Der Pferderücken wirkt „weggedrückt", der Spannungsbogen der Versammlung ist in der Kopf-Hals-Partie gebrochen.

Pferdeköpfe aus dem Parthenonfries. Unterschiedliche Kopfformen deuten auf eine Mischrassigkeit vom Araber- bis zum „Ponytyp", verschiedene Stilisierungen weisen auf mehrere Bildhauer hin. Die Mimik der Pferdeköpfe drückt insgesamt Angst und Schmerz aus.

Obgleich auf durchgehend einheitliche Plattenhöhe genormt und stilisiert, variieren die Parthenonpferde im Typ, manche nähern sich dem grazilen Erscheinungsbild des Wüstenarabers mit ausgeprägter Hechtkopfform. Die Mehrzahl der Pferde jedoch entspricht einem Mischtyp aus orientalischen und „nordisch-kompakten", ponyartigen Pferden mit starker Unterhalsbildung, geringer Ganaschenfreiheit und abschüssiger Kruppe, der an der Größe der Reitergestalten gemessen etwa die Widerristhöhe heutiger Camarguepferde erreicht.

Von Künstlern und Wissenschaftlern nicht nur als eines der bedeutendsten Kunstwerke der Antike gerühmt, sondern zugleich auch für ein beispielhaftes Zeugnis hoher Reitkunst gehalten, blieb das Prädikat „Klassische Reitkunst", vornehmlich von reitunkundigen Laien geprägt, am Reiterfries haften. Können aber die reiterlichen Darstellungen tatsächlich dem Anspruch von „Reitkunst" genügen? Können sie, wenngleich als Kunstwerke in die klassische Epoche eingestuft, auch im reiterlichen Sinn als „klassisch", mithin als vollendet und vorbildlich gelten? Das Fehlen der Zäumungen vermittelt bei oberflächlicher Betrachtung den Eindruck, daß die Pferde ungebärdig und temperamentvoll ihrer Lebensfreude freiheitlichen Ausdruck geben. Und auch die Darstellung des vielfach nackten menschlichen Körpers im Einklang mit dem tierischen suggeriert enge partnerschaftliche Verschmelzung des Reiters mit dem Pferd in zentaurischer Harmonie. Die Pferde beeindrucken durch überhöhte, bisweilen dramatische Ausdruckskraft

Der Parthenonfries 25

und perfekte Formgebung. Daher sind reitunkundige Bewunderer versucht, die Bewegungsabläufe für vollendete Dressur, ja für hohe Reitkunst zu halten. Die geniale Gestaltung kann den Reiter jedoch nicht darüber hinwegtäuschen, daß hier, ob bewußt oder unbewußt, Zwang und Unterwerfung der Kreatur in Stein gemeißelt wurde.

Die Griechen verwendeten überwiegend schmerzhafte und verletzende Zäumungen, um ihre Pferde zu bändigen. Denkt man sich diese an die Köpfe der Parthenonpferde montiert, so wie sie ursprünglich angepaßt waren, verkehrt sich der scheinbar temperamentvolle und feurige Ausdruck der Gebärdensprache schlagartig ins Gegenteil. Verzweifeltes Aufbäumen der Pferdeleiber, blankes Entsetzen im Blick rollender Augen, weit aufgerissene Pferdemäuler als Folge brutalen Zügelreißens und zwingender Zäumungen, schmerzhaft verkniffene Nüstern und abwehrendes Aufwerfen der Köpfe gegen erzwungene Aufrichtung sind Anzeichen, die mit Losgelassenheit und Durchlässigkeit, mit Versammlung und federnden Spannungsbogen nichts zu tun haben. Jeder halbwegs erfahrene Reiter, der sich mit dem Verhalten des Pferdes befaßt, weiß diese Signale der Panik und Dulderqual zu deuten. Ein zeitgenössischer griechischer Bericht schildert, wie ein Maler mit Schwierigkeiten zu kämpfen hatte, als er Hälsen und Schultern der Reliefpferde die in der wirklichen Reiterei üblichen, durch scharfe Zäumung verursachten Blutspritzer aufmalen wollte. Es gelang ihm schließlich naturgetreu, indem er den farbgetränkten Pinsel heftig gegen den Marmor schlenkerte und rote Farbspritzer erzielte, die echten Blutspritzern täuschend ähnlich waren. Aus dieser Überlieferung geht hervor, daß Verletzungen des Pferdemaules durch brutale Gebisse und Zügelführung in der griechischen Reiterei die Regel waren.

Obwohl die Reiter tief im Pferd sitzend dargestellt sind, kann ihre Einwirkung im Sinne dressurmäßiger Versammlung nicht überzeugen. Die Haltung ist selten gerade, der Oberkörper häufig weit zurückgeneigt, die Schwerpunkte von Reiter und Pferd stimmen oftmals nicht überein. Auffällige Handarbeit läßt auf harte Zügelführung schließen, die durch scharfe Gebisse noch gesteigert wird. Der reiterliche Sitz ohne Sattel verrät eher grobe Gesäßeinwirkung denn behutsame Einfühlung. Die Pferde scheinen mehr gebändigt als geritten, ihre Körperhaltung läßt jenen gerundeten Spannungsbogen vermissen, der das dressurmäßig gerittene Pferd von den Hinterhufen bis zum Pferdemaul im Wechsel von Spannung und Entspannung durchzieht. Die Energielinie des Tragapparates wirkt durch übermäßig erzwungene Aufrichtung und durchhängende Wirbelsäule gebrochen, so daß elastische Rückentätigkeit und federnde Hankenbeug-

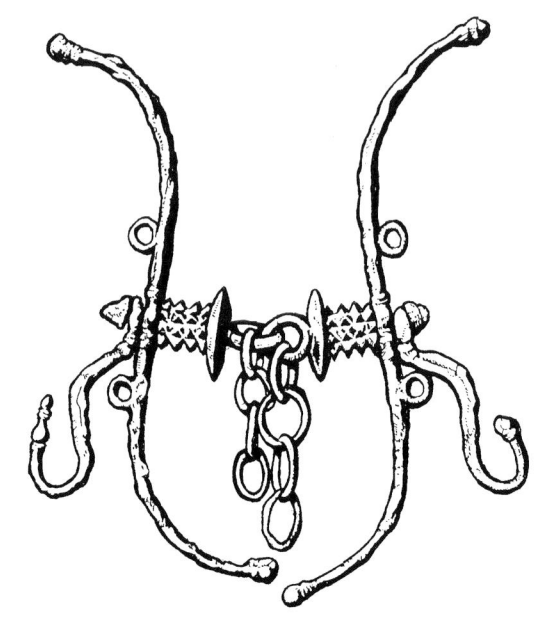

Griechische Knebeltrense, stachelige Walzen verletzen die Maulwinkel, scharfkantige Scheiben zwingen zur Maulsperre und schneiden in Gaumen und Unterkiefer, die Ketten dienen als Zungenspiel. Auch ohne Zügelstraffung war das Gebiß quälend für das Pferd.

26 *Der Parthenonfries*

Reitertafeln aus dem Parthenonfries. Der Pferdebändiger zu Fuß veranlaßt das Pferd durch Zügelreißen zum Steigen, seine linke Hand scheint zum Peitschenschlag erhoben. Das auf den Hinterbeinen hüpfende Pferd unter dem Reiter leidet ebenso unter harter Zügelfaust.

gung nicht zustande kommen. Die scheinbar dargestellten Pesaden und Levaden sind fast immer Ausdruck eines durch hartes Zügelreißen hervorgerufenen Steigens und Hüpfens auf der Hinterhand, hektisches Strampeln der Vordergliedmaßen verrät angstvolle Nervosität des Pferdes unter der zwingenden Einwirkung des Reiters.

Phidias hat sich zugunsten gesteigerten Ausdrucks gewiß künstlerische Freiheiten und dramatische Überhöhungen gestattet. Die Bewegungsmomente der Pferdegliedmaßen stimmen oftmals nicht mit den wirklichen Gangfolgen überein, obwohl diese dem Künstler sicher geläufig waren. Die Größenverhältnisse von Mensch zu Pferd sind aus kompositionellen Gründen häufig willkürlich verändert, um den Bewegungsablauf der Reliefreihe lebendig zu halten und zum Ende hin zu steigern. Trotz künstlerischer Umsetzung und Stilisierung fußen die Reiterdarstellungen jedoch deutlich auf dem Fundament reiterlicher Realität, die in diesem Ausmaß und mit dieser Genauigkeit nicht erfunden sein kann. Die unbestechliche Beobachtungsgabe des genialen Bildhauers und seiner Mitarbeiter hat die Gepflogenheiten reitender Zeitgenossen lebensnah ins Bild gesetzt und der Nachwelt damit ein Bilddokument antiken Reitverständnisses hinterlassen, das Xenophon eine Generation später – vielleicht ungewollt – schriftlich bestätigt hat. In seiner Reitlehre schildert er den real stattfindenden Panathenäen-Festzug, der im Fries dargestellt ist, aus persönlicher Anschauung und kritisiert die mangelhaften und quälerischen Methoden der teilnehmenden Reiter, die mit rabiater Einwirkung von Zaum und Sporn feurige Rosse erzeugen, um ihrem Geltungsdrang Genüge zu tun und den Zuschauern zu gefallen. Seine Kritik deckt sich inhaltlich mit der wahren reiterlichen Substanz des Parthenonfrieses. Iberische Söldner standen in großer Zahl in griechischen Diensten. Sie ritten ihre iberischen Pferde in versammelnder Reitweise, die sie im Reiterkampf allen Gegnern überlegen machte, bewundert unter Freunden, gefürchtet von ihren Feinden. Die Wahrscheinlichkeit liegt nahe, daß die Griechen sich am Vorbild iberischer Reiter orientierten und danach trachteten, deren Reitweise nachzuahmen. Da aber der kleinere griechische Pferdetyp, dem die natürliche Anlage zur Versammlung im Gegensatz zum iberischen Pferd weitgehend fehlte,

Der Parthenonfries

sich der iberischen Reitweise widersetzte, ließen sich griechische Reiter verleiten, das äußere Erscheinungsbild ihrer Pferde gewaltsam in eine versammlungsähnliche Form zu pressen.

Für Xenophon mag der Zwiespalt zwischen den Forderungen der Reiter und dem Unvermögen ihrer Pferde möglicherweise Anstoß gewesen sein, seine kritische und zugleich wegweisende Reitlehre niederzuschreiben. Unbeschadet des künstlerischen Ranges muß die Frage, ob das steinerne Zeitdokument der griechischen Antike „Reitkunst" in direktem Wortsinn darstellt, verneint oder zumindest mit einem großen Fragezeichen versehen werden. Der Grieche Xenophon (etwa 430–354 v. Chr), Schriftsteller, Philosoph und Reiterführer, gilt als Verfasser der frühesten Reitlehre der Geschichte. Seine Erkenntnisse schrieb er in zwei Abhandlungen, „Peri Hippikes" (Über die Reitkunst) und „Hipparchikos" (Pflichten eines Reiterführers), nach lebenslanger reiterlicher Erfahrung in hohem Alter nieder. Mitunter beruft er sich auf einen Vorläufer namens Simon von Athen, von dem das Fragment einer Pferdebeurteilungslehre erhalten ist, die er in seine Schriften einbezieht. Xenophons Reitlehre ist aus der Praxis geboren und zeugt von genauer Beobachtungsgabe des Pferdenaturells. Offensichtlich sind seine Erkenntnisse von der Reitweise keltiberischer Söldner beeinflußt. Schon um 700 v. Chr., als die Griechen auf der iberischen Halbinsel Fuß faßten, machten sie Bekanntschaft mit iberischen Reitern und ihren großwüchsigen Pferden, die sie in zunehmender Zahl zur züchterischen Aufbesserung ihrer kleinen, mischrassigen Pferde in die Heimat schickten.

Xenophon hat gewiß das Erscheinungsbild des iberischen Pferdetyps vor Augen, wenn er das ideale Streitroß beschreibt:

. . . je breiter die Brust, desto besser der Gang und geringer die Gefahr, daß sich das Pferd mit den Hufen streift oder tritt.

Griechische Bildwerke aus der Zeit Xenophons. Der Vergleich des iberischen Pferdetyps (Rücken herausgebrochen) mit dem griechischen zeigt, daß den Griechen der Unterschied zwischen beiden Pferdetypen geläufig war.

... der Hals sollte nicht wie bei einem Eber aus der Brust wachsen, sondern wie bei einem Hahn zum Genick aufsteigen und in der Biegung schlank und ausgekehlt sein, ... ein solches Pferd wird dazu neigen, die Hinterbeine weit unter die Vorhand zu schieben, so daß es hinten tiefer und vorn höher wird ....

Mit diesen Worten ist nicht nur das iberische Pferd, sondern auch dessen Versammlungsfähigkeit beschrieben.

Das Vorbild iberischer Reiter mag Xenophon veranlaßt haben, an der griechischen Reiterei Kritik zu üben und Hinweise zur Verbesserung zu geben. Er beklagt die verbreitete Bösartigkeit heimischer Pferde, die er auf Gewaltanwendung der Reiter zurückführt und mahnt:

.... wenn ein Pferd ungezäumt geführt wird, soll man ihm stets den Maulkorb anlegen, der das Atmen, nicht aber das Beißen zuläßt und es hindert, sich tückisch zu benehmen ....

In der Erziehung und Ausbildung des Pferdes setzt er mehr auf Lob und Belohnung denn auf Strafe, doch wenn gestraft werden muß, dann im Augenblick der Widersetzlichkeit, damit es den Zusammenhang begreift. Mit fortgeschrittener Ausbildung sollen Strafen weitgehend entfallen. Der menschlichen Stimme, die mit den Hilfen einhergehen soll, mißt er als Erziehungshilfe erhebliche Bedeutung zu. Und er empfiehlt gütige Behandlung, wenn er sagt: .... ein Pferd niemals im Zorn behandeln und mit Schlägen zwingen wollen, wenn es ängstlich reagiert und scheut, sondern besänftigen, ... sobald es etwas gut macht, muß man ihm Angenehmes erweisen, nach der Anstrengung eine Pause gönnen, durch Absitzen belohnen und Erleichterung verschaffen am nämlichen Ort, wo die Anstrengung verlangt wurde ....

Angesichts der Grobheit griechischer Reiter und

Auf dieser Friestafel zieht der vordere Reiter den Pferdekopf mit einer harten Parade hinter die Senkrechte und knickt den Hals im falschen Wirbel. Der zweite Reiter reißt den Pferdekopf mit der rechten Hand hoch, um das Pferd zum Steigen zu veranlassen.

der Anwendung scharfer Zäumungen, die zu blutigen Verletzungen führten, schenkt er der Empfindlichkeit des Pferdemaules größte Aufmerksamkeit:

.... ein Pferd beim Führen nie am Zügel zerren, damit es nicht einseitig hartmäulig wird, beim Aufsitzen ergreife man die Zügel zugleich mit Mähnenhaaren am Widerrist, um das Pferd nicht im Maul zu reißen, ... glatte Gebisse sind brauchbarer als rauhe und harte, den scharfen Zaum muß man immer durch leichte Zügelführung mildern, die Zügel nicht hart anziehen, so daß sich das Pferd dagegen wehrt, aber auch nicht unbestimmt, so daß es keine Führung fühlt, ... wenn ein Pferd versammelt ist und den Nacken hebt, muß man mit dem Zügelanzug sogleich leichter werden ....

Xenophon rügt auch die Geltungssucht griechischer Reiter, seine Worte könnten den Parthenonfries kommentieren:

.... man muß sich gänzlich davon frei machen,

Der Parthenonfries 29

Oben: Griechisches Reiterrelief, vorklassische Epoche. Die primitive Ausführung läßt weder reiterliche Einwirkung noch Gangfolge erkennen. Unten: Parthenonfries, klassische Epoche. Die naturalistischen Figuren zeugen von detailgenauer Beobachtung.

mit dem Zaum im Maul herumzuzerren und das Pferd mit Sporn und Peitsche zu traktieren, um es eindrucksvoll zu präsentieren....

Er fordert stattdessen zwangfreie Selbsthaltung des Pferdes:

.... bei leichter Zügelführung lehrt man das Pferd vorwärts zu schreiten, dabei den Hals aufzurichten und vom Genick an zu wölben, um es in die Haltung zu bringen, die es selbst einnimmt....

Xenophons Zielsetzung gipfelt in optimaler Wendigkeit des Pferdes im Reiterkampf. Um Längsbiegung und Durchlässigkeit zu erreichen, empfiehlt er:

.... man soll viel Wendungen reiten, um das Pferd biegsam zu machen, muß es vor den Wendungen versammeln, damit es in schnellem Lauf mit untergeschobener Hinterhand sich leichter herumwerfen kann....

Xenophons Schriften, Kritik an zeitgenössischer Reiterei und konstruktive Reitlehre zugleich, wurden vor fast 2400 Jahren aufgezeichnet. Der Parthenonfries war gerade vollendet, als Xenophon geboren wurde. Der Bildhauer Phidias hat reiterliche Gepflogenheiten seiner Zeitgenossen ins Bild gesetzt, wie er sie als Künstler wahrgenommen hat. Xenophon, der reiterliche Experte, hat sie analysiert und in Worte gefaßt. Bildwerk und Schrifttext ergänzen einander und vermitteln gemeinsam eine ausführliche Dokumentation über die Reitweise der Griechen, die kaum als vorbildlich gelten kann – im Gegensatz zu Xenophons wegweisenden Erkenntnissen, deren Inhalte bis heute als Urfassung der klassischen Reitweise Gültigkeit haben.

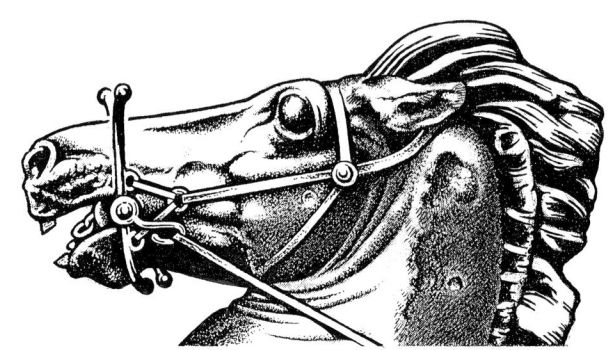

Rekonstruktion der Bronzezäumung am Kopf eines Friespferdes. In reiterliche Realität übertragen, drängt sich die Vermutung auf, daß griechische Reiter wenig Einfühlung in die Pferdenatur besaßen und reiterlicher Gewaltanwendung den Vorzug gaben.

Meilensteine klassischer Dressur

Fast zweitausend Jahre nach Xenophon wurde im spanisch besetzten Königreich Neapel (1502–1714) abermals ein Meilenstein der Reitgeschichte gesetzt. Die italienischen Reitmeister Cäsare Fiaschi, Federigo Griso, Pasquale Caracciolo und Gianbattista Pignatelli gründeten die Neapolitanische Reitschule, die elitäres Zentrum der aristokratischen Reiterwelt wurde. 1550 erschienen Grisos „Reitregeln" (Ordini di cavalcare), die europaweite Verbreitung fanden und in zahlreiche Sprachen übersetzt wurden. Die Reitlehre ist von Xenophon beeinflußt und widerspricht zugleich dessen Erkenntnissen. Griso empfiehlt die gegenläufige Wirkung verhaltender Zügelhilfen und treibender Sporenhilfen, um Versammlung zu erzwingen. Beizäumung gewinnt er über eine gewaltige Kandarenkonstruktion, mit deren Erfindung Pignatelli in die Geschichte der Zäumung einging. Diese sogenannte „Pignatelle", ein gewichtiges Marterinstrument mit langen Hebeln, machte dem gequälten Pferdemaul bis ins 18. Jahrhundert zu schaffen. Mit seinem Mangel an Verständnis für die Pferdepsyche wendet sich Griso vollends von der Auffassung Xenophons ab. Peitsche und Sporn betrachtet er als unverzichtbare Erziehungsmittel und bevorzugt Strafe statt Belohnung, um das Pferd zu unterwerfen. Eine der Ursachen für seine gewalttätige Reitauffassung mag im aggressiven We-

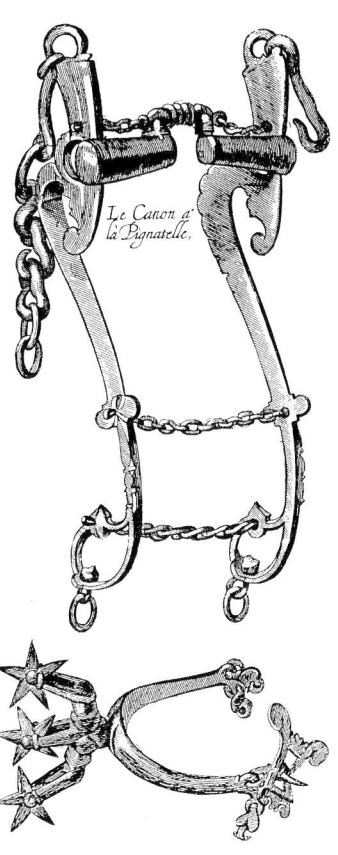

Eine der von Pignatelli erfundenen, schwergewichtigen Kandarenkonstruktionen mit langen Unterbäumen, hoher Zungenfreiheit und Maulkette. Der scharfe Dreifachsporn ersetzte die Schenkelhilfen, da der Spaltsitz mit gestreckten Beinen Schenkelführung nicht zuließ.

Federigo Griso (?), zeitgenössischer Holzschnitt. Bisheriger Überlieferung gemäß war der Neapolitaner im spanischen Königreich Neapel der erste Reitmeister, nach Xenophon, der zusammen mit Kollegen eine Reitschule gründete und eine Reitlehre veröffentlichte.

Antoine de Pluvinel, stehend mit gezogenem Hut neben dem sitzenden König, wird die Erfindung der Pilaren zugeschrieben. Der Schüler Pignatellis war der erste Reitmeister, der Psyche und Verhalten des Pferdes in die Ausbildung einbezog und berücksichtigte.

sen des Neapolitanerpferdes begründet gewesen sein, das bei rüder Behandlung verstärkt zur Widersetzlichkeit neigte.

Antoine de Pluvinel (1555-1620), Schüler Pignatellis und Reitlehrer König Ludwig XIII. von Frankreich, war der erste Reitmeister nach Xenophon, der sich um das seelische Wohlbefinden des Pferdes sorgte. Die von ihm verfaßte Reitlehre „La Manège Royal", als Zwiegespräch mit dem König formuliert und mit kunstvollen Kupferstichen illustriert, erschien erst nach seinem Tod im Jahre 1623. Pluvinel wird die Erfindung der Pilaren zugeschrieben, die er zur Ausbildung des Pferdes nutzte, um Bewegungsabläufe und Lektionen ohne Reiterlast zu üben und zu kontrollieren. Er warnt jedoch vor Anwendung durch Stümperhand, die das Pferd in Panik versetzen kann, weil die Säulen die Vorwärtsbewegung verwehren. Er vertritt die Meinung, daß fühlsames Eingehen auf die Pferdepsyche eifrige und willige Mitarbeit des Pferdes motiviert. Zwang und Gewalt in der Hilfengebung lehnt er ab und setzt Lob und Belohnung vor Bestrafung. Pluvinell ritt, wie seine Zeitgenossen, im hochzwieseligen Sattel mit Spaltsitz und gestreckten Beinen, die fühlende Schenkelhilfen verhinderten und vornehmlich Sporenarbeit zuließen. Deshalb plädiert er für sparsame Hilfengebung, die sich vor allem auf Gewichtshilfen konzentriert und den Gebrauch scharfer Sporen und Gebisse reduziert und auf Notfälle im Reiterkampf beschränkt. Im Gegensatz zu seinem Lehrer strebt er Versammlung ohne Zügelzwang und damit das Prinzip der Selbsthaltung des Pferdes an. Entgegen herrschender Dressurauffassung betrachtete Pluvinel das Pferd nicht als seelenlosen Dressurautomaten, sondern als empfindsames Lebewesen, dessen Wesenheit Verständnis und Respekt verdient: „Wir wollen Sorge tragen, das Pferd nicht zu verdrießen und seine natürliche Anmut nicht zu ersticken, sie gleicht dem Blütenduft der Früchte, der niemals wiederkehrt, wenn er einmal verflogen ist."

William Cavendish, Herzog von Newcastle (1592-1676), war englischer Reiteroffizier, der 1645 von England nach Antwerpen emigrierte, wo er fünfzehn Jahre als Reitlehrer wirkte. Seine Reitlehre „Die neue Art, Pferde zuzureiten" erschien 1658 und wurde von einem Rubens-Schüler mit hervorragenden Stichen ausgestattet, die den eigentlichen Wert der Veröffentlichung ausmachen. Des Herzogs Reitlehre ist bis in unsere Tage heftig umstritten, einerseits zählt man ihn zu den bedeutenden Reitmeistern der Geschichte, andererseits gilt er als Scharlatan, der seine Pferde bis zur Verzweiflung kniebelte. Von Pluvinels Ausbildungsmethode beeinflußt, vertritt der Herzog reiterliche Thesen, die vernünftig und akzeptabel erscheinen. Doch sein blumiges Erzähltalent, das seine Person stets vorteilhaft in den Vordergrund rückt, täuscht über mancherlei Ungereimtheiten hinweg. Oftmals verstrickt er sich in Widersprüche, die den Verdacht wecken, daß seine Reitmethode nicht so pferdefreundlich war, wie er sie darstellt. Noch breiter

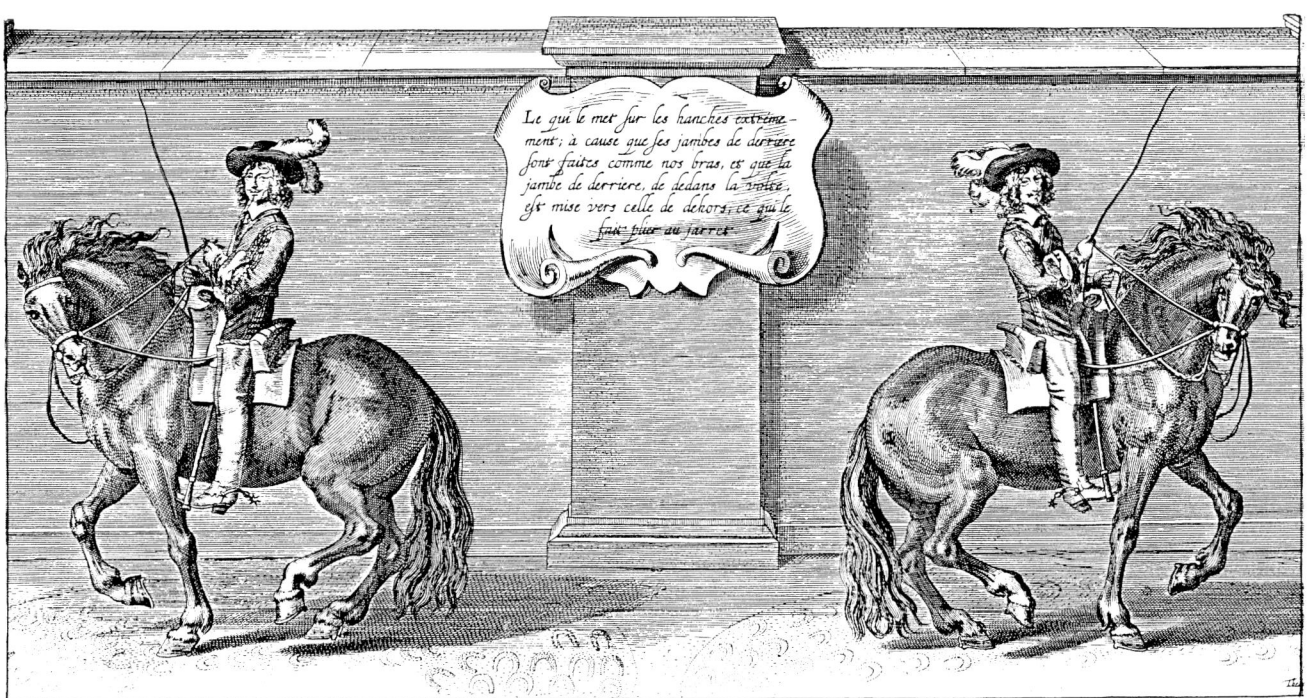

William Cavendish, Herzog von Newcastle, soll die Schlaufzügel erfunden haben. Die „gymnastizierenden" Kopfwendungen mit hochverschnalltem Schlaufzügel am Kappzaum, die der Herzog abbilden ließ, knicken das Genick und setzen den Spannungsbogen außer Kraft.

klafft die Lücke zwischen Text und Bild, er plädiert für schonende Gymnastizierung des Pferdes, während die Abbildungen übertriebenes, rückwärts wirkendes Kniebeln zeigen, das Gleichgewicht und Vorwärtsschwung außer Kraft setzt. Cavendish gilt als Erfinder des Schlaufzügels, mit dem er seine Pferde im Übermaß traktierte – und der bis heute in Stümperhand sein kniebelndes Unwesen treibt.

Das reiterliche Schlagwort, eine Zäumung sei stets so weich oder hart wie die führende Zügelhand, trifft weitgehend auf heute übliche, glatte Mundstücke zu, ist aber bei Betrachtung historischer Gebißkonstruktionen zumindest fragwürdig. Antike und barocke Martergebisse zwangen das Pferd allein schon durch drohende Präsenz im Maul in die Beizäumung, bevor die Zügelhand überhaupt tätig wurde. Pignatelli-Kandaren wirkten durch beträchtliches Eigengewicht und füllten das Pferdemaul mit vielfältigem Metall-Klimbim. Hohe Zungenfreiheiten der Mundstangen drückten schmerzhaft gegen den Gaumen, Ketten und Rollen, Spitzen und Kanten quetschten Zunge und Laden oder lösten zumindest Unbehagen aus. In nervöser „Kautätigkeit" war das Pferd bemüht, die unangenehme Maulfüllung in halbwegs erträglicher Lage auf der Zunge zu plazieren, in ständiger Angst, die Zügel könnten gestrafft werden. Die martialischen Gebisse wirkten durch sich selbst, deshalb ritt man meist mit durchhängendem Zügel. Eine harte Zügelfaust hätte das Pferd in Verzweiflung und Panik gestürzt und damit reiterlicher Kontrolle entzogen. Schon die Angst vor der Reiterhand bewegte das Pferd zum Gehorsam.

Als mildernder Umstand muß indes angemerkt werden, daß der Weg der langschenkligen Kandare bis zur Kinnkettenspannung bei Zügelanzug erheblich länger war, daß diese mithin verzögert und allmählicher einwirkte, als moderne kurzschenklige

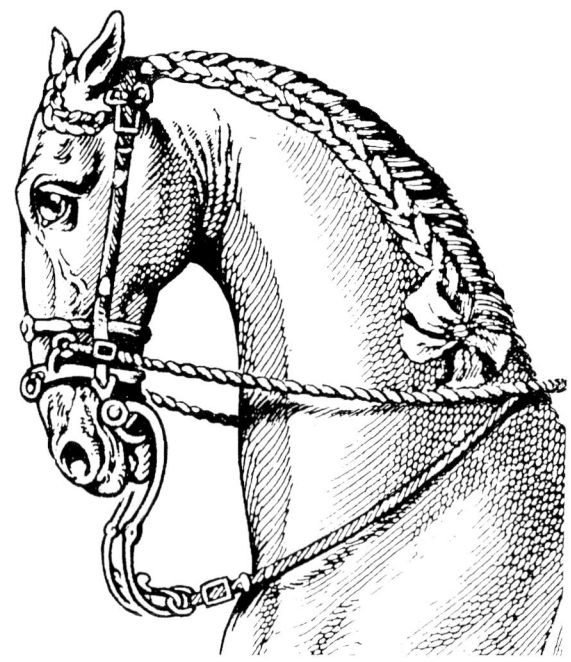

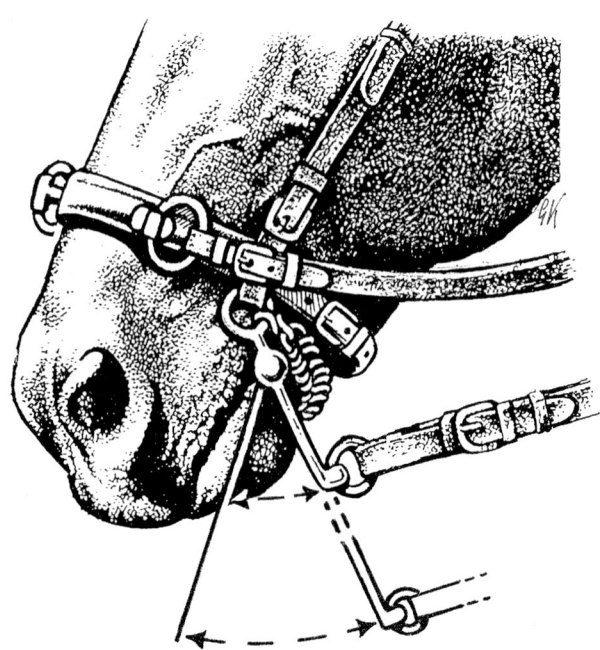

Pignatelli-Kandare mit Kappzaum-Zügelführung, die überwiegend zur Ausbildung benutzt wurden (oben). Moderne Kombination Kappzaum-Kandare (in Spanien üblich) mit vier Zügeln. Der Hebelweg der kurzen Unterbäume ist kürzer und präziser als der langer Unterbäume.

Kandaren, die bei Zügelstraffung einen kürzeren Weg zurücklegen und abrupter und direkter auf die Pferdezunge drücken. Zudem wurden, zumindest in der Zeit der Ausbildung, vorwiegend Kappzaumzügel benutzt, um das Pferdemaul zu schonen.

Francois Robichon de la Guérinière (1688–1751), wohl der bedeutendste Reitmeister der Geschichte, kommt das Verdienst zu, zeitlos gültige Erkenntnisse seiner Vorgänger logisch zusammengefaßt und durch eigene Erfahrungen ergänzt zu haben, so daß eine umfassende Reitlehre entstand, die bis in die Gegenwart grundlegende Bedeutung für nahezu jede Reitweise beinhaltet. Zeitlebens von Finanznöten geplagt, wechselte Guérinière mehrfach die Stätten seines Wirkens, bis er schließlich die Reitschule in den Tuilerien in Paris übernahm, wo hundertfünfzig Jahre zuvor Pluvinel gelehrt hatte. Als 1733 seine Reitlehre „Ecole de cavalerie" mit vorzüglichen Illustrationen erschien, wurde diese bereits von der Zeit überholt. Das Vollblutpferd englischer Prägung bestimmte zunehmend das Zuchtgeschehen für Militärwesen, Wirtschaft und Rennsport und damit auch eine zweckbetonte, dem neuen Pferdetyp angepaßte, weniger anspruchsvolle Reitweise. Das Barockpferd und die Reitkunst l'art pour l'art verschwanden bald von der Bildfläche Europas, weil sie zeitgemäßen Erfordernissen nicht mehr entsprachen. Unbeirrt vom Einfluß reiterlichen Umschwungs jedoch reformierte Guérinière die klassische Schulreiterei, deren neue Grundsätze er ebenso für die Militär- und Geländereiterei empfahl. Er verwarf den Stechsattel und ersetzte ihn durch eine flachere Konstruktion, die direktere Gesäßeinwirkung versprach. Er führte den Schulsitz mit leicht gewinkelten Knien und am Pferdeleib liegenden Unterschenkeln ein, um die Hintergliedmaßen auf sanfte Weise zu fleißigem Vortritt anzuregen. Er vertauschte Martergebisse

Robichon de la Guérinière, der bedeutendste Reitmeister der Reitgeschichte, ist Erfinder des Seitenganges „Schulterherein", der das Pferd in der Längsbiegung gymnastiziert. Der Kupferstich zeigt ihn mit einem Schüler, der die Lektion demonstriert.

mit weicheren Mundstücken und vertrat den Grundsatz „Lob und Belohnung vor Strafe". Fehlverhalten des Pferdes unter dem Sattel lastete er der Unfähigkeit des Reiters an, dem Pferd reiterliche Hilfen verständlich zu machen.

Meilensteine klassischer Dressur **35**

Guérinière erfand die Seitengänge Schulterherein und Renvers. Diese Gangübungen, die nicht den natürlichen Bewegungsabläufen entsprechen, sind nicht als widernatürliche und gekünstelte Lektionen zu verstehen, die als Endziel angestrebt werden, sondern lediglich Ausbildungshilfen, die der Gymnastizierung des Tragapparates, der vertikalen und horizontalen Längsbiegung, der Hankenbeuge und der durchlässigen Versammlung des Pferdes dienen. Die Piaffe betrachtet er als angemessene Übung für die Aufwölbung des Pferderückens zur unbeschadeten Aufnahme der Reiterlast und als Grundlage dressurmäßiger Lektionen. Er führt das Prinzip maulschonender, halber Paraden ein, die dem Pferd ein sanftes Auslaufen ermöglichen. Er belohnt freiwillige Mitarbeit des Pferdes mit nachlassender Hilfengebung und regt es zur Selbsthaltung an. Tänzerische Leichtigkeit des Ganges, psychische Entspanntheit und selbsttätigen Eifer des Pferdes stellt er über ständige reiterliche Bevormundung und automatische Exaktheit der Lektionen, die das Pferd auf Dauer in Schwunglosigkeit und Resignation treiben.

Die Piaffe empfahl Guérinière als grundlegende Übung für Gleichgewichtsfindung und Versammlung des Pferdes. Die verkleinerte Standfläche bewirkt geringere Standfestigkeit des Pferdes und ermöglicht dem Reiter eine stärkere Einwirkung der Hilfen.

Die Piaffe gymnastiziert und kräftigt die Hinterhand für die Hankenbeuge in den Schulen über der Erde. Links: Pesade mit halber Hankenbeuge, Vorübung für die Levade. Rechts: Levade mit tiefer Hankenbeuge, der Reiter sitzt gleichgewichtig im Schwerpunkt, die Senkrechte trifft präzise auf die tragenden Hinterhufe.

Meilensteine klassischer Dressur

Inhalte der klassischen Reitweise

Das Pferd tritt unfreiwillig in den Dienst des Menschen. Mit der angeborenen Individualdistanz des Herdentieres hält es instinktiv mentalen Abstand zum zweibeinigen Partner, dessen Verhalten ihm fremd ist, der aber sein Schicksal bis ins Detail bestimmt. Das Wesen des Pferdes ist durch und durch von Redlichkeit geprägt, Körpersprache, Mimik und Ohrenspiel verraten, für jedermann erkenntlich, seine Empfindungen und Absichten. Vorwärts gespitzte Ohren verkünden freundliche Gesinnung oder gespannte Aufmerksamkeit, rückwärts gestellt weisen sie Annäherung zurück, drohen mit Abwehr oder warnen, flach nach hinten gelegt, vor Angriffsabsicht. Das gesellige Herdentier ist gewöhnt, sich optisch an der Körpersprache seiner Artgenossen zu orientieren, um sich Gewißheit über Zuwendung oder Abneigung zu verschaffen und entsprechend zu reagieren.

Das Ohrenspiel drückt eindeutig und unmißverständlich die Empfindungen des Pferdes aus. Von links nach rechts: Aufmerksamkeit, Neugier oder freundliche Gesinnung; warnende Abwehrhaltung zur Wahrung angemessener Distanz; drohende Angriffsabsicht.

Der Mensch irritiert das Pferd, weil die Reglosigkeit seiner angewachsenen Lauscher aufklärendes Ohrenspiel verweigert und Gefühle und Absichten verheimlicht. Wie kann es einem Partner trauen, der immerfort mit angelegten Ohren droht? Das Verhalten des Menschen ist nicht immer angetan, seine Ängste zu entkräften. Der Pferde Argwohn ist berechtigt. Ob das Gleichnis der Wirklichkeit entspricht, steht dahin, es will ausdrücken, daß zwei Partner zusammenfinden, deren Wesen und Körpersprache grundverschieden sind. Nur der Mensch als geistig überlegener Partner kann die Brücke der Verständigung schlagen, indem er sich die Sprache des Pferdes zu eigen macht und auf dessen Verhaltensebene das Zwiegespräch sucht.

„Das höchste Glück der Erde liegt auf dem Rücken der Pferde" verkündet eine abgegriffene Floskel, sie preist allein das Hochgefühl des Reiters, die Befindlichkeit des Pferdes unter der Reiterlast bleibt unerwähnt. Für den Reiter im Sattel stellt sich die Welt allemal angenehmer dar, als für das Pferd unter dem Sattel, das den Reiter zu tragen, Schwierigkeiten des Bodens zu meistern und reiterliche Willkür zu erdulden hat. Und wenn der Reiter tätig wird, bürdet er nicht selten mit seinem Gewicht zugleich auch Zwang und Unterwerfung auf den geschundenen Pferderücken, der vom Stigma des Satteldrucks gezeichnet ist. Das duldsame Geschöpf hat nur selten Anteil am Reiterglück, mißverstandene Hilfengebung, ob gewollt oder ungewollt, Gesäßhämmern im Rücken, Zügelreißen im Maul und Sporenstiche in die Weichen machen ihm zu schaffen. Kommerzielle Ausbeutung betreibt das Spiel mit der Angst vor dem Reiter und degradiert das sensible Lebewesen zum fügsamen Sportgerät.

Grundsätzlich und spitzfindig gedacht kann Reiten als subtile Variante der Tierquälerei gedeutet werden. Der Zwang setzt spätestens dann ein, wenn der Reiter im Sattel sitzt, noch bevor er reiterlich tätig wird. Schöpferische Reitmeister der Geschichte prägten für die intuitive Verständigung zwischen Reiter und Pferd den Begriff „reiterliche Hilfengebung". Gemeint ist einfühlsame Unterstützung durch den Reiter, der seinem Pferd in direktem Wortsinn Hilfe leistet, die Reiterlast ohne gesundheitliche Schäden zu tragen und ohne Frust zu ertragen. Aus dieser Erwägung ergibt sich die reiterliche Pflicht, Maßnahmen des Tierschutzes, die weit über mangelhafte gesetzliche Vorgaben hinausgehen, in Hilfengebung und Behandlung des Pferdes einzubeziehen.

Reiten heißt zuallererst, dem Pferd die Zumutung der Reiterlast auf seinem Rücken erträglich zu machen.

In ihrer ursprünglichen Bedeutung fußt die klassische Reitweise auf dem Prinzip der Versammlung und des gemeinsamen, schwerpunktdeckenden Gleichgewichts von Pferd und Reiter, die das Fundament aller Varianten dressurmäßigen Reitens bilden. Die Keimzelle der klassischen Reitweise findet sich in der Reitkultur der iberischen Halbinsel, die sich von der Gebrauchsreiterei bis zur Hohen Schule auffächert. Den höchsten Anspruch barocker Schulreiterei bis zur Kunstform verkörpert die Spanische Reitschule in Wien. Die „romanische" Dressurauffassung des Cadre Noirs und das stärker noch von militärischen Relikten geprägte „germanische" Reitverständnis des Dressursports sind mehr oder minder von klassischen Elementen beeinflußt, weil der bevorzugte voll- und warmblütige Pferdetyp dem Ausmaß der Versammlung Grenzen setzt. Alle Varianten der Dressur können, wenngleich von unterschiedlichen Positionen ausgehend, ganz oder teilweise auf das Prädikat „klassisch" Anspruch erheben, weil sie auf mäßiger bis starker Versammlung aufbauen und hohes Dressurniveau anstreben.

Der Begriff „Klassische Reitkunst"
○ bezeichnet eine traditionelle Reitmethode von subtiler Technik, deren Rohfassung bis ins erste Jahrtausend v. Chr. zurückreicht.
○ beinhaltet ethisch die Verpflichtung, gewaltfreie Versammlung auf dem natürlichen Bewegungsverhalten des Pferdes und weitreichenden Geboten des Tierschutzes aufzubauen.

Der Kappzaum ist universelles Erziehungs- und Ausbildungsinstrument an der Hand und im Sattel. Der in den Nasenriemen eingenähte Eisenbügel, der genau auf die Nasenrundung passen muß, wirkt durch Druck auf das Nasenbein und schont das Pferdemaul. Der Kehlriemen sitzt tief, um die Backenstücke von den Augen fernzuhalten.

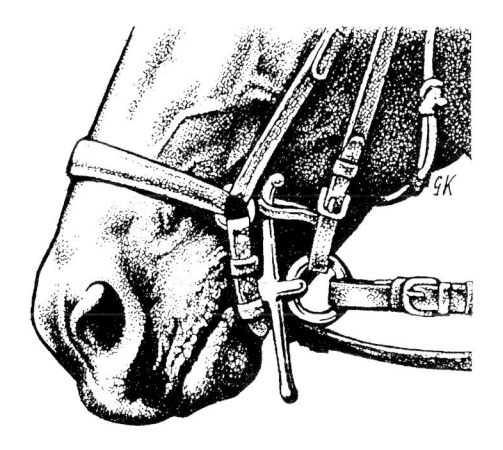

Die doppelt gebrochene Schenkeltrense (Knebeltrense) ist die maulfreundlichste Trensenzäumung, die Maulwinkel können nicht eingeklemmt werden.

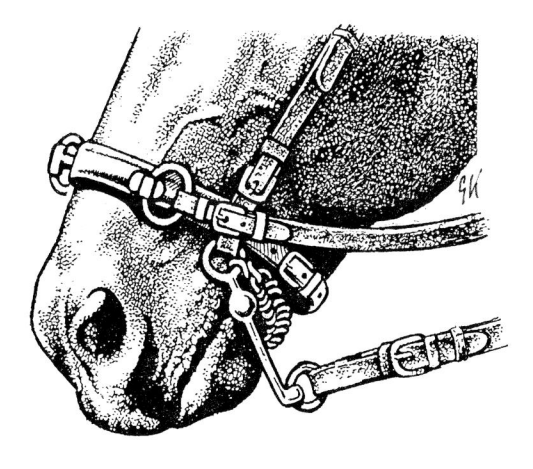

Die Kombination des Kappzaumes mit Trense oder Kandare ist für die reiterliche Ausbildung von Nutzen. Die Kappzaumzügel übernehmen den überwiegenden Anteil der Zügelhilfen und entlasten das empfindliche Pferdemaul. Die Zügelhand des Reitanfängers wird geschult, ohne das Pferdemaul in Mitleidenschaft zu ziehen.

Klassische Reitweise 39

ist philosophisch betrachtet die höchste reiterliche Kulturstufe, die Mensch und Tier in physischer und psychischer Zwiesprache, vollendeter Formgebung und harmonischem Bewegungsrhythmus zu einem zentaurischen Wesen zu vereinen sucht.

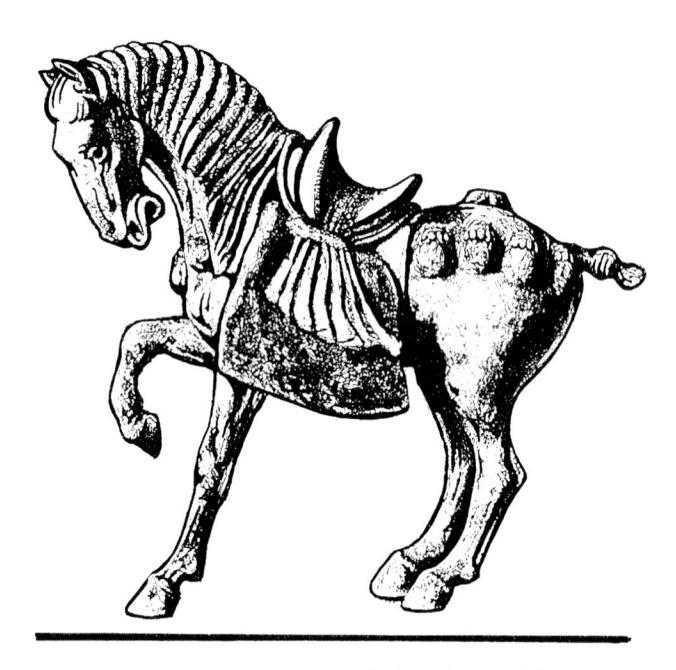

Chinesische Statuette eines „Himmelpferdes", das möglicherweise in Versammlung und Beizäumung dargestellt ist. Die großwüchsigen Abkömmlinge der Turkmenenrasse waren im China des frühen Mittelalters, wo vornehmlich Ponytypen gezüchtet wurden, äußerst begehrt.

Das Prinzip der Versammlung ist herausragendes Merkmal westeuropäischer Reitkultur. Reitervölker des Ostens, die auf schlichter Natur- und Gebrauchsreiterei verharrend das Pferd mit der Trense lenkten, kannten keine Versammlung mit Beizäumung. Eine mögliche Ausnahme könnte die Epoche der legendären chinesischen „Himmelspferde" des frühen Mittelalters gewesen sein, die in Bildwerken beigezäumt und mit untergesetzten Hintergliedmaßen dargestellt wurden.

Nach klassisch-barockem Reitverständnis wird das Pferd nicht unterworfen und zum Dressurautomaten entmündigt, vielmehr verhandelt der Reiter „am langen Zügel" mit einem gleichberechtigten Partner über freiwillige und selbsttätige Mitarbeit. Der Schulreiter gleicht dem Bildhauer, der aus Rohmasse das Bildwerk gestaltet, wobei sensibles Erfühlen und Erhalten der stofflichen Eigenart des Materials wesentlichen Anteil am Gelingen haben. „Rohmaterial" des Barockreiters ist das junge ungerittene Pferd, dessen natürliche Bewegungsabläufe in dressurmäßige Lektionen ausgeformt werden. Und ebenso, wie der Bildhauer die unverfälschte Stofflichkeit des Materials als Gestaltungselement nutzt, ist der Schulreiter um unversehrte Erhaltung der Pferdenatur bemüht.

Die klassische Schulreiterei zeichnet sich durch grundlegende und allgemeingültige Merkmale aus. Lotrechter und gleichgewichtiger Sitz, der stets mit dem Schwerpunkt des Pferdes übereinstimmt, nachgebende Zügelführung und zwangfreie Hilfengebung sind Grundregeln, die für jede Reitweise Vorbild sein können, sei es die Sportdressur, das Westernreiten oder das „Gangpferdereiten". Der Aufbau der Schulgänge und Lektionen gründet auf gymnastizierenden Übungen und natürlichen Bewegungsabläufen des Pferdes. Widernatürliche und gekünstelte Lektionen sind ausgeschlossen.

Verhaltensweisen und Psyche des Pferdes werden in gleichem Maße in die Ausbildung einbezogen, wie die Gymnastizierung seines Körpers. Sanfte, fein abgestimmte und mit fortschreitender Ausbildung reduzierte Hilfengebung, die den Nervenreflex anspricht, erhält die psychische Unverdorbenheit des Pferdes. Es gilt, dem furchtsamen Fluchttier die Urangst vor dem „Raubtier auf dem Rücken" zu nehmen und Lernfähigkeit und Verständnis des denkunfähigen Tieres für geforderte Aufgaben zu wecken. Jeder Kontakt mit dem Menschen soll im Gedächtnis des Pferdes eine angenehme Erinnerung hinterlassen, damit es mit freudigem Eifer der nächsten Aufgabe entgegensieht. In ihrer Vollendung erlaubt die klassische Schulmethode eine unsichtbare und zwangfreie, mühelose und souveräne Beherrschung des Pferdes.

Grundlage der Dressurausbildung ist Losgelassenheit, die physische und psychische Entspannung des jungen Pferdes unter dem Reiter. Anfangs stört die ungewohnte Reiterlast sein Gleichgewicht, behutsame Gewichtshilfen und anlehnende Zügelführung helfen ihm, gemeinsame Balance und taktgleiche und schwungvolle Gangfolgen zu finden. Geraderichten der natürlichen Schiefe und Gymnastizierung der beiderseitigen Längsbiegung bewirken zunehmende Elastizität des Tragapparates, bis die Durchlässigkeit für die Hilfengebung von den Hinterhufen über den schwingenden Rücken bis zum Pferdemaul erreicht ist. Die Gymnastizierung der Hankenbeuge, die von nachgebender Zügelhand begleitet und reguliert wird, rundet das Pferd zu einem Spannungsbogen, der einer elastischen Stahlfeder gleicht. Die Ausbildung des Dressurpferdes beginnt frühestens im Alter von vier Jahren mit Longieren und Handarbeit, um Pferderücken und Gelenke zu schonen. Angemessene Zäumung ist der Kappzaum, das Einschnallen der Longe am Trensenring ist strikt zu vermeiden, weil der äußere Maulwinkel vom Trensenring gequetscht und die empfindlichen Laden durch den Leinenzug schmerzhaft gerieben werden. Das Pferd verwirft den Unterkiefer, hält den Kopf schief und versteift sich im Genick. Die gesamte Ausbildungszeit bis zur „Hochschulreife" dauert mindestens zehn Jahre. Derart behutsam trainierte Pferde erreichen ein hohes leistungsfähiges Alter, wie die Hengste der Spanischen Reitschule beweisen, die oftmals weit über das zwanzigste Lebensjahr hinaus noch ihren Dienst verse-

Links: Durchlässige Versammlung. Der Schub der Hinterhand zielt „vorwärts-aufwärts" und entfaltet sich in ungezwungener Aufrichtung.
Rechts: Erzwungene, rückwärts wirkende Beizäumung verhindert Versammlung und Aufrichtung, das Pferd läuft „vorwärts-abwärts".

Klassische Reitweise **41**

hen. Ungeduldige Schnellausbildung rächt sich durch frühen Verschleiß des Tragapparates und Störung der Pferdepsyche.

Entgegen landläufiger Praxis, vornehmlich im regionalen Sportgeschehen, ist sanfte und sparsame Hilfengebung ein herausragendes Qualitätsmerkmal der klassischen Reitweise. Die Grundregel lautet: „Das Pferd machen lassen und so wenig wie möglich eingreifen." Reitergesäß und Oberschenkel bis zum Knie sind mit dem Pferderumpf fest verwachsen, der Oberkörper erhebt sich lotrecht und statuesk. Der Reiter schwingt, wie festgeleimt, im Bewegungsrhythmus auf dem elastisch federnden Pferderücken mit und verdeutlicht dem Pferd durch geringe Gewichtsverlagerungen und Druckpunkte der Gesäßknochen die Gesetzmäßigkeit gemeinsamer Schwerpunktlage, die dem Pferd hilft, das Gleichgewicht zu finden. Neigungen des Oberkörpers werden weitgehend vermieden. Ein Reitergesäß, das wie ein Stößel die Wirbel des empfindlichen Pferderückgrats aus der Fassung hämmert, ist eine permanente Tortur für das Pferd, die bleibende Rückenschäden nach sich ziehen kann. Ebenso sind die Unterschenkel des Reiters keine Klöppel, die den Pferdeleib abklopfen und abstumpfen und das Pferd in Verzweiflung resignieren lassen. Vielmehr streichen sie, gewissermaßen Wange an Wange, bewegt aus unverrückbar anliegendem Knie, an den Flanken des Pferdes entlang, um es über den Nervenreflex an Längsbiegung zu erinnern, um geraden oder schrägen Gang zu weisen oder eine Wendung einzuleiten.

Ein schulmäßig gerittenes Pferd, das sanfte Hilfengebung über den Nervenreflex gewöhnt ist, kann bereits durch unkontrollierte Reaktionen des Reiters, wie unruhige Zügelhände und Schenkel, versehentliche Berührungen mit den Sporen und ungewollte Gewichtseinwirkungen irritiert werden und dem Eindruck einer Bestrafung unterliegen, die es nicht zu deuten weiß.

Die Hilfengebung des Reiters ist dem Fingerspiel des Pianisten vergleichbar. In gleichlaufender und gegenläufiger Zwiesprache verdichten voneinander unabhängig bewegte Hände flüchtige Töne zum fließenden Klangbild. Und ebenso, wie die Hände des Pianisten eigenständig einander zuarbeiten, setzt der Reiter seine Hilfen ein, um das Pferd in einem Spannungsbogen zu runden. Der Sitz bleibt unberührt von der Zügelführung, Gesäß und Schenkel handeln autonom, häufig gemeinsam und zuweilen gegenläufig, und doch streben alle Hilfen dem gemeinsamen Ziel zu, den flüchtigen Bewegungsrhythmus des Pferdes zu einer flüssigen Gangfolge zu formen. Pianist wie Reiter sind bemüht, das Zusammenspiel voneinander unabhängiger Körperkräfte zu beherrschen, um Fehlgriffe und falsche Hilfengebung zu vermeiden.

Voraussetzung für harmonische Hilfengebung ist das Hineinhorchen in Wesenheit und Bewegungsrhythmus des Pferdes.

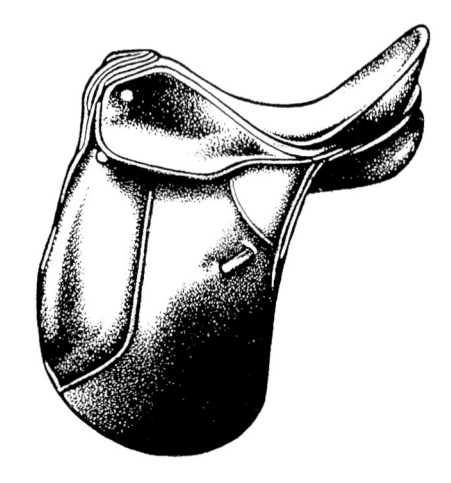

Der flache Dressursattel, der nicht für längere Ritte gedacht ist, überträgt die Druckwirkung der Sitzbeinknochen deutlich und punktgenau auf den Pferderücken, der dadurch eine stärkere Belastung erfährt. Ein Sattel mit langen und breiten Trachten, die das Gewicht auf eine große Fläche verteilen, überträgt den Druck der Gesäßknochen weniger intensiv und genau, entlastet aber den Pferderücken.

Elastisch wie eine Stahlfeder

Stärkste und wirksamste Waffe des Wildpferdes zur Erhaltung seiner Art war die Flucht, deshalb entwickelte das furchtsame Fluchttier im Verlauf der Evolution einen Körperbau, der zu schnellem Lauf befähigt. Die Gangmechanik ist vorwiegend für gerade Laufrichtung geschaffen, in der Ausführung enger Wendungen bewegt sich das Pferd, etwa im Vergleich zur Großkatze, eher unbeholfen. Die Umständlichkeit, mit der es sich in der Enge einer Box umwendet, niederlegt oder erhebt, und auch die Hilflosigkeit, wie es sich an der Boxenwand festlegt, verraten die begrenzte Beweglichkeit seines Knochenbaues. Kraftquelle für die hohe Laufgeschwindigkeit des Fluchttieres ist die muskulöse Hinterhand, sie schiebt das Pferd in den Vorwärtsschwung und stemmt den Körper aufwärts, wenn es sich auf die Hinterhand erhebt. Die schwächer bemuskelten Vordergliedmaßen erfüllen in der Gangbewegung eher eine abstützende oder abrollende Funktion. Die Hinterhand entwickelt mithin Vorwärtsschub und Tragkraft, während die Vordergliedmaßen die Vorwärtsbewegung weitertragen und die Laufrichtung steuern.

Wenn der Reiter im Sattel sitzt, lastet sein Gewicht verstärkt auf den naturgemäß schwächeren Vordergliedmaßen, die bereits die überhängende Kopf-Hals-Partie tragen müssen. Um die Vorhand zu entlasten und einen Teil des Gewichtes auf die Hinterhand zu übertragen, fordert der Reiter die Hintergliedmaßen auf, vermehrt nach vorn unter den Rumpf zu treten. Dieser Vorgang leitet die Versammlung ein, die sich mit vermehrter Winkelung der Hanken (Hüft- und Kniegelenke) und Sprunggelenke und der damit verbundenen Senkung der

Oben: Tragkraft überwiegt Schubkraft, in der Piaffe übernimmt die gebeugte Hinterhand den größten Anteil der Reiterlast. Unten: Schubkraft überwiegt Tragkraft. Übergang aus der Piaffe in die Passage, aus der Hankenbeuge entwickelt sich der Vorwärtsschub.

Kruppe allmählich verdichtet und in die Hankenbeuge übergehen kann. Ein unversammeltes Pferd, dessen Gliedmaßen lotrecht im natürlichen Abstand voneinander auffußen, verfügt über große Standfestigkeit. Ein versammeltes Pferd, dessen Hinterhufe sich den Vorderhufen annähern, verliert an Standsicherheit, das Gleichgewicht wird labiler, weil es sich auf einer kleineren Standfläche abstützt. Dieser Umstand gibt dem Reiter Gelegenheit, mittels feinster Hilfengebung die Gleichgewichtssuche des Pferdes bestimmend zu unterstützen. Mit fortschreitender Ausbildung werden die fein abgestimmten Hilfen belohnend auf ein Minimum reduziert, so daß das Pferd scheinbar nur noch auf die Gedanken des Reiters reagiert.

Der Spannungsbogen der Versammlung, der das schulmäßig gerittene Pferd von den Hinterhufen bis zum Maul wie eine elastische Stahlfeder rundet, ist Wahrzeichen der klassischen Reitweise. Die federnde Energielinie läßt den Reiter auf der gewölbten „Hängebrücke" des Pferderückens elastisch mitschwingen und mitwiegen. Als optischer Nebeneffekt ergibt sich die „stolze Haltung" des Pferdes, die nicht nur passionierte Pferdefreunde begeistert. Das Glücksgefühl der Schwebe, das ein vollendet versammeltes und durchlässiges Pferd dem Reiter schenkt, und vertrauensvolle, eifrige Mitarbeit, die das gutmütige Tier trotz der Reiterlast seinem Partner anbietet, sind der Lohn aller reiterlichen Mühen.

Gleichgewichtsfindung in der Piaffe. Der Reiter sitzt lotrecht über den untersetzenden Hintergliedmaßen, die sich den Vordergliedmaßen nähern. Die Standfestigkeit wird labiler, unterstützende Hilfengebung kann sich steigern und verfeinern.

Äußeres Erscheinungsbild der Versammlung. Links: Unversammelt, kein Untersetzen der Hinterhand, keine Aufrichtung, lange und flache Tritte. Rechts: Versammlung und Aufrichtung, das Pferd erscheint vorn höher als hinten, die Tritte sind kürzer und erhabener.

Trabverkürzung in vier Phasen. Unversammelter, gelöster Trab am langen Zügel in Dehnungshaltung, leichter Sitz der Reiterin.

Gerades, vermehrtes Einsitzen der Reiterin, behutsame Zügelaufnahme. Die Kopf-Hals-Partie des Pferdes richtet sich auf.

Arbeitstrab, die Trabtritte verkürzen sich und werden erhabener.

Zunehmende Versammlung im Schultrab. Das Pferd setzt die Hintergliedmaßen vermehrt unter den Rumpf, die Aufrichtung verstärkt sich, das Tempo wird ruhiger. Nächsthöhere Versammlungsstufe wäre die Passage. Die Profillinie des Pferdes bleibt in allen Phasen vor der Senkrechten. Lusitanohengst Fadista unter Ruth Giffels.

Die Piaffe ist stärkste Trabverkürzung in höchster Versammlung und Gradmesser für das gemeinsame, ausgewogene Gleichgewicht von Pferd und Reiter. Die Hanken sind gebeugt und die Kruppe senkt sich, die Kopf-Hals-Partie richtet sich auf, die Profillinie des Kopfes bleibt vor der Senkrechten, der Rumpf nimmt die Schräglage nach vorwärtsaufwärts ein. Das Pferd trägt sich selbst im wiegenden Rhythmus ruhiger und taktgleicher Trabtritte. Der Reiter sitzt kerzengerade im gemeinsamen Schwerpunkt, um das Pferd nicht zu stören. Lipizzanerrappe Maestoso Gratia unter Richard Hinrichs.

Elastisch wie eine Stahlfeder

Der Grad der Versammlung, mithin die Rundung des Spannungsbogens mit der Beugung der Hinterhand, wird vom Körperbau des Pferdes bestimmt. Dem kurzrückigen Barockpferdtyp ist ein springender Bergaufgalopp angeboren, der zum Viertakt neigt, als müsse er mit jedem Galoppsprung einen Felsbrocken überwinden. Die gewinkelte Hinterhand entwickelt in Richtung vorwärts-aufwärts große Tragkraft, die starker Versammlung Vorschub leistet und zu den Schulen über der Erde befähigt. Der Raumgriff der Vordergliedmaßen gerät deshalb kurz und ist mehr nach oben als nach vorn gerichtet. Das Barockpferd vermag sich in einem Akt körperlicher Verdichtung von hinten nach vorn zusammenzuschieben und beispielsweise in der Pirouette – mitunter im Viertaktgalopp – auf gebeugter Hinterhand und tellergroßem Kreis kraftvoll herumzu-

Der typische Bergaufgalopp des iberischen Pferdetyps im Viertakt. Die diagonalen Hufe (hier im Linksgalopp) fußen nacheinander auf, erst hinten links, dann vorn rechts.

Links: Rechts-Pirouette im Dreitaktgalopp, die diagonalen Hufe (hinten rechts und vorn links) fußen gleichzeitig auf. Rechts: Rechts-Pirouette im Viertaktgalopp, die diagonalen Hufe (hinten rechts und vorne links) fußen nacheinander auf.

Links-Pirouette im Viertaktgalopp mit starker Hankenbeuge in drei Phasen. Cartujanohengst Alamin unter Ellen Graepel.

Kurbette am langen Zügel. Das Hüpfen auf gebeugten Hintergliedmaßen fordert gymnastizierte Elastizität und Tragkraft der Hinterhand. Cor de Jong mit einem Altér Real-Hengst.

schwingen. Die dressurmäßig gymnastizierte Hankenbeuge verleiht Muskulatur und Gelenken der Hinterhand federnde Elastizität und erhöhte Tragkraft. Zur Schonung des Pferderückens und der Gelenke wird sie anfangs an der Hand geübt und später, mit zunehmender Kräftigung des Pferdekörpers, im Sattel fortgesetzt. Die Belastung der gebeugten Hinterhand wird vor allem in den Lektionen Piaffe, Passage, Galopp-Pirouette, in den Schulen über der Erde und den Schulsprüngen deutlich. In den Schulgangarten bleibt sie eher

Elastisch wie eine Stahlfeder

gleichmäßig auf Vorder- und Hintergliedmaßen verteilt. Spektakulärste Erscheinungsformen der Hankenbeuge sind Piaffe, Pesade, Kurbette, Kapriole und Levade, letztere zeigt stärkste Winkelung der Hintergliedmaßen und stellt in ihrer denkmalähnlichen Haltung die klassische Krönung aller hankenbeugenden Lektionen dar. Eine Eigenart des langrückigen Sportpferdetyps ist die waagerecht nach vorn wirkende Schubkraft mit flachem, weit vorschwingendem Raumgriff. Der Bau der Hinterhand ist eher auf rasche Beschleunigung, überfliegende Trabverstärkung und gestreckten Galoppsprung ausgerichtet. Das Ausmaß der Versammlung muß sich deshalb auf ein schwächer gewinkeltes Untersetzen der Hinterhand und auf geringeren Aufwärtstrend des Pferderumpfes beschränken.

Aufrichtung und Beizäumung

Das Gleichgewicht des Pferdes wird labiler, wenn mit zunehmender Versammlung die Hinterhufe vermehrt nach vorn unter den Rumpf treten und sich den Vorderhufen nähern. Die verkleinerte Stützfläche der Gliedmaßen verlangt nach Balance-Ausgleich, deshalb übernimmt die Kopf-Hals-Partie die Funktion einer nach vorn überhängenden Balancier-Stange, die das Gleichgewicht zu stabilisieren sucht.

Zwingend aufrichtende oder riegelnde und kniebelnde Zügelführung stört den Balance-Ausgleich, weil sie rückwärts wirkt, den Pferdehals ver-

„Die Bergziege auf den Gipfel stellen" nannte Francois Baucher das Versammeln der Hufe auf engstem Raum unter der Rumpfmitte. Die Übung, in Ruhe ausgeführt, nimmt dem Pferd die Gleichgewichtsängste, streckt die Muskulatur und bereitet auf die Versammlung vor.

Kniebelnde Zügelführung, die den falschen Knick im Hals erzeugt, das Gleichgewicht des Pferdes behindert, das Untersetzen der Hinterhand erschwert und das Pferdemaul abstumpft.

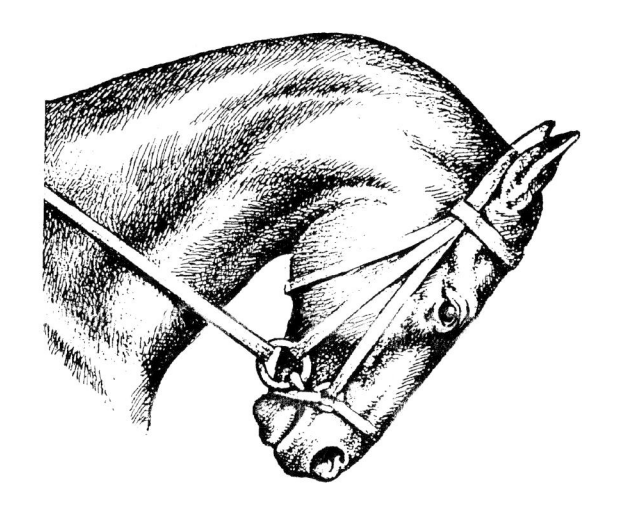

Der Pferdekopf zieht sich aus eigenem Antrieb hinter die Senkrechte zurück und verweigert sich der Zügelhand, weil das Pferd Schmerzen im Maul empfindet. Die Zwiesprache zwischen Zügelhand und Pferdemaul ist unterbrochen.

engt, die Balancier-Stange außer Kraft setzt und damit Gleichgewicht und Vorwärtsschwung beeinträchtigt. Die Zügelhand soll den Pferdehals im natürlichen Rahmen der Selbstaufrichtung behutsam runden, wobei die Profillinie des Pferdekopfes vor der Senkrechten bleibt. Zügel sind keine Zugstränge für grobe Reiterfäuste, reiterlich einfühlsam bedient, gleichen sie dünnen Stäben, die in sanfter Zwiesprache mit dem Pferdemaul millimeterweise erkundend vorrücken, mahnend verhalten oder übereilten Vorwärtsdrang einfangen.

In der klassischen Schulreiterei versteht sich Beizäumung nicht als abstumpfende Maulstütze, in der das Pferd das „fünfte Bein" sucht und findet.

Links: Erzwungene Aufrichtung im spanischen Schritt. Die Hinterhand setzt nicht unter, die diagonale Hintergliedmaße schleppt nach.
Rechts: Vorbildliche Versammlung bei nachgebender Zügelführung. Das Pferd greift aus dem Rücken heraus in freier Aufrichtung.

Aufrichtung und Beizäumung 49

Im normalen Stand auf senkrechten Gliedmaßen beweist das Pferd stabile Standfestigkeit.

Wenn sich die Hinterhufe den Vorderhufen nähern, verkleinert sich die Standfläche und die Standfestigkeit wird labiler. Nachgebende Zügelführung gestattet der Kopf-Hals-Partie freies Ausbalancieren des Gleichgewichts. Lusitanohengst unter Philippe Karl, Cadre Noir.

so viel Freiraum gewahrt, daß der Pferdekopf mit leichtem Schlenkern lästige Fliegen fortzuwedeln vermag, ohne die „entspannte Spannung" der Halswölbung aufzugeben.

Ein Pferd, das in der Piaffe durch einengende Zügelführung im Gleichgewicht behindert wird, kann keine ausgewogenen, taktgleichen und erhabenen Trabtritte ausführen. Es versucht ängstlich, seine gestörte Balance unter der Reiterlast auszugleichen, indem es das vordere Standbein, das senkrecht fußen soll, abstützend schräg nach vorn herausstellt und in kurze, stampfende Trippeltritte übergeht, um die unsichere diagonale Zweibeinstütze zeitlich zu verkürzen. Festgehaltene, stützende und überzäumte Zügelführung, die das Pferd als „fünftes Bein" nutzt, bewirkt zumeist, daß das Untersetzen der Hinterhand nachläßt. Eine leichthändige, entspannte Zügelführung hingegen gewährt den diagonal fußenden Gliedmaßen die Freiheit, sich gleichgewichtig und selbsttätig auszubalancieren,

Beizäumung ist vielmehr entspannte, vorwärts gedehnte Halsfreiheit, ist Wegweiser nach vorn, der das Pferd anregt und verlockt, sein Gleichgewicht unter der Reiterlast auszuloten und sich selbst zu tragen. Das durchlässige Pferd korrespondiert fragend über elastischen Zungendruck mit der antwortenden Zügelhand, es hängt sich weder stur in die Zügel, noch spielt es klappernd mit dem Gebiß. Wenn nötig, greift die Zügelhand regulierend ein, um dem Pferd den Weg in eigenständige Selbsthaltung zu weisen. Innerhalb der Beizäumung ist stets

Die Dehnungshaltung oder Halsstreckung, die nicht nur immer wieder während der Ausbildung gewährt wird, sondern auch nach vollendeter Gymnastizierung stets erholsam für das Pferd ist, entspannt Rückenmuskulatur und Kopf-Hals-Partie.

Piaffe am durchhängenden Zügel in relativer Aufrichtung. Das perfekt ausgebildete Pferd piaffiert schwungvoll und rhythmisch im Gleichgewicht und „trägt sich selbst", während es sich dreht. Lipizzaner Maestoso Gratia unter Richard Hinrichs.

Der ranghöchste Artgenosse

und gibt dem schwingenden Hufpaar die Sicherheit, den Moment der Schwebe erhaben zu verzögern.

Die Profillinie der jungen Remonte wie des ausgebildeten Dressurpferdes bleibt in jeder Phase der Ausbildung und in allen Gangarten prinzipiell vor der Senkrechten, der Hals darf niemals eingeengt oder aufgerollt werden, damit Gleichgewicht, Rückentätigkeit und Untersetzen der Hinterhand nicht verloren gehen. Verwerflich und schädlich bleibt der Mißbrauch des Schlaufzügels zur riegelnden und kniebelnden „Gymnastizierung" der Kopf-Hals-Partie. Versammlung baut sich grundsätzlich in freier und natürlicher Aufrichtung von hinten nach vorn auf. Das Untersetzen der Hinterhand ist Ursache der Versammlung, als Folge ergeben sich Aufrichtung und Beizäumung, sie krönen in zwangloser Wölbung die Rundung des Spannungsbogens.

Im natürlichen Herdenverhalten des Pferdes spielt die Rangordnung eine fundamentale Rolle. Das Individuum findet Schutz und Geborgenheit in der Gemeinschaft, der Schwächere ordnet sich dem Stärkeren unter und akzeptiert Zugeständnisse an Ranghöhere, weil er deren Führungskraft anerkennt. Das Prinzip der Rangordnung ist von gleicher Bedeutung für den Ausbilder, er muß das Vertrauen des Tieres gewinnen und die Führungsrolle als „ranghöchster Artgenosse" übernehmen, um dauerhaft respektiert zu werden. Kraft seiner geistigen Überlegenheit vermag der Mensch das physisch stärkere Tier gewaltlos zu beherrschen, wenn er sich in die Wesenheit des Pferdes versetzt und sich dessen „Weltanschauung" zu eigen macht.

Das Pferd kann den Menschen nur verstehen, wenn dieser sein Verhalten der Pferdenatur angleicht. Das Herdenverhalten der Pferde untereinander gibt dem Ausbilder Hinweise für pferdegerechte Körpersprache und artgerechte Erziehung. Dazu zählen beispielsweise aufrechte und ruhige Körperhaltung, beherrschte Bewegungen und richtungweisende Gesten bei der Arbeit an der Hand, die Kommandos zielgerichtet unterstreichen und dem Pferd eine verständliche Orientierung vermitteln. Der Ausbilder ist statische Leitfigur, an der das Pferd sein Verhalten mißt. Fahriges Herumfuchteln, hastige und unkontrollierte Bewegungen und inhaltsleere Drohgebärden, die nichts aussagen, erschrecken und verwirren das Pferd. Gebärdensprache und Mimik der Pferde untereinander sind stets eindeutig und entschieden und vermitteln Artge-

Lektionen am langen Zügel. Das „Reiten zu Fuß" setzt ein dressurmäßig gut ausgebildetes und unaggressives Pferd, die Respektierung des Menschen als ranghöchsten Artgenossen und eine breite Vertrauensbasis zwischen Mensch und Tier voraus.

sigkeit oder stumpfen es auf Dauer ab. Das Reithaus ist ein Hort der Stille. Verhaltensgerechter und geduldiger, energischer und entschiedener Umgang, der sich dem natürlichen Verhalten annähert, erzieht einen vertrauensvollen und zuverlässigen Gefährten, der die Führung des Menschen anerkennt. Zwang, Gewalt und Unterwerfung führen zu Vertrauensverlust und Resignation, zu seelischer Verzweiflung oder Widersetzlichkeit des Pferdes, die für den Reiter zum Risikofaktor geraten können. Die natürliche Wesenheit des Pferdes ist von Friedfertigkeit geprägt. Bösartige Pferde sind fast immer, von genetisch vorbelasteten Ausnahmen abgesehen, eine Folge falschen menschlichen Verhaltens.

nossen unmißverständlich Empfindungen und Absichten.

Das Pferd ist von schweigsamer Natur und besitzt ein feines Gehör, je gedämpfter und leiser die stimmliche Ansprache, desto aufmerksamer lauscht es jedem einzelnen Wort. Lautmalerische Wiederholungen immer derselben Befehle prägen sich unauslöschlich in das Gedächtnis des Pferdes ein, so daß es schließlich allein auf die Kommandos hin die gewünschten Lektionen ausführt. Unbestimmtes Geplapper, lautes Schimpfen und militärisches Gebrüll ängstigen das Pferd und stürzen es in Ratlo-

Der einfache Kappzaum mit eingenähtem Metallbügel im Nasenriemen ist ein relativ sanftes, gleichwohl höchst wirksames Erziehungs- und Ausbildungsmittel (Druck auf das Nasenbein), das dem Pferd die führende Rolle des Menschen verdeutlicht, ohne daß dieser als strafende Person in Erscheinung tritt.

Dressur am Vorbild der Natur

Lipizzanerhengste, die im österreichischen Bundesgestüt Piber das Licht der Welt erblicken, verbringen ihre Jugend bis zum vierten Lebensjahr jeden Sommer auf hochgelegener Almweide im Herdenverband unter ihresgleichen. Die Weidegemeinschaft der Junggesellen ist von rauhen Umgangsformen geprägt. Ständig flackern Streitigkeiten um die Rangfolge auf, die nach bestimmtem Ritual ausgefochten werden. Leithengst der Herde ist ein älterer, bereits weiß ausgefärbter, barocker Muskelprotz mit Halsglocke, dessen majestätisches Erscheinungsbild sofort ins Auge fällt. Wo immer er unter seinesgleichen auftaucht, zollt man ihm Respekt. Sein selbstsicheres, souveränes Auftreten wirkt eher väterlich-wohlwollend als herrschsüchtig-aggressiv. Tagsüber verteilen sich die Junghengste grüppchenweise auf der weitläufigen Almweide. Freßpausen werden mal für spielerisches Geplänkel, mal für ruppige Prügelei genutzt, um - wieder einmal - die Rangfolge auszuloten. Das natürliche, vom Menschen unbeeinflußte Bewegungsverhalten der Hengste demonstriert die Rohfassung jener ausgeformten Dressurlektionen der Hohen Schule, die den Inhalt des Ausbildungsprogramms der Spanischen Reitschule ausmachen.

Allabendlich ziehen die Junghengste rudelweise zur Tränke am Laufstall. Viele Pferde drängen gleichzeitig zum Trog. Drohmimik warnt, angemessene Individualdistanz zu wahren. Reibungsnähe fordert zu Streitereien heraus, die Enge, von einem Zaun begrenzt, provoziert Raufhändel. Ranghöhere Tiere beanspruchen den Vortritt und beißen rangniedere zurück. Quieken und Grunzen, Warnschnauben und dumpfe Hufschläge im Getümmel sind Begleitmusik individueller Behauptung aller gegen alle.

Rangniedere, miteinander befreundete Tiere warten geduldig abseits und kraulen sich gegenseitig das Fell, bis auch sie ans Wasser dürfen. Störenfriede, die keinen Anschluß finden, suchen rem-

Das Auskeilen mit den Hintergliedmaßen ist vorwiegend eine Abwehr- und Verteidigungsreaktion des Pferdes gegen mißliebige Artgenossen und natürliche Feinde. Hengste, die Angriffsabsichten hegen, pflegen sich aufzurichten und mit den Vorderhufen zu schlagen.

Croupade, dressurmäßig ausgeformte Lektion der Sauteurs im Cadre Noir, die aus jener Zeit überliefert ist, als das Pferd im Reiterkampf Mann gegen Mann den Krieger im Sattel durch Abwehrmanöver unterstützte.

Vorbild Natur 53

pelnd und beißend Zwietracht zu säen. Nach dem Radfahrerprinzip des Buckelns und Tretens nutzen Raufbolde die Rippen untergebener Artgenossen als Zielscheibe, um die Treffsicherheit ihrer Hinterhufe zu erproben. Mitunter trifft ein Hufschlag versehentlich den Falschen, der sofort zum Gegenschlag ausholt. Nach Klärung der Rangfolge gibt man sich wieder gesittet. Die Unruheherde flammen so plötzlich auf, wie sie verlöschen.

In einiger Entfernung drehen zwei Junghengste, die einander den ersten Schluck mißgönnen, Kopf an Schweif flinke Pirouetten, um dem anderen den Vortritt zum Wasser zu verwehren. Der beschwingte Reigen dauert an, keiner kommt zum Zuge, weil beide deckungsgleiche Manöver ausführen. Plötzlich verliert einer die Lust am Gezänk und setzt sich im eleganten Trab mit einer natürlichen Traversale schräg seitwärts ab. Sein Gegner verstellt ihm den Weg, beide steigen auf die Hinterhand und hüpfen mit kurbettenähnlichen Sprüngen und schlagenden Vorderhufen gegeneinander an. Wieder auf allen Vieren, versucht jeder, den anderen von der Schlagkraft seiner Hinterhufe zu überzeugen. Abrupt geben die Streithähne auf und ziehen friedlich zur Tränke, um in schöner Eintracht den Durst zu löschen. Mittlerweile haben

Seitengang im natürlichen Bewegungsverhalten des Pferdes. Zwei Junghengste kreiseln umeinander, um gegen den anderen die günstigste Schlag- und Beißposition zu gewinnen. Schließlich ist einer des Streitens müde und setzt sich im natürlichen Schräggang ab.

Die Traversale ist eine ausgeformte Lektion des natürlichen Schrägganges. Das Pferd ist nach Art des „Schulterherein" in der Längsachse und in Bewegungsrichtung gebogen, die Vorhand geht der Hinterhand voraus, die Gliedmaßen kreuzen sich in fließender Bewegung.

Die Junghengste hüpfen in spielerischem Kampf auf der Hinterhand gegeneinander an, ohne mit den Vorderhufen zwischenzeitlich aufzufußen. Sie zeigen eine natürliche Kurbette.

Kurbettensprung unter dem Reiter (Sprung gedehnt dargestellt). In der Dressurlektion muß sich das Pferd mit der zusätzlichen Reiterlast ausbalancieren, die Kraftanstrengung der Hinterhand ist beträchtlich.

Vorbild Natur 55

sich die anfänglichen Turbulenzen gelegt, das Kommen und Gehen am Wassertrog vollzieht sich geordnet wie auf Kommando, wer getrunken hat, zieht sich zurück, um anderen Zutritt zu gewähren.

Verspätet schlendert der Herdenchef heran, gelassen nimmt er seinen Weg durch die Mitte der Herde. Man weicht respektvoll zurück, niemand wagt näher zu treten, als er mit gespitzten Lippen sich die kühle Labsal gönnt. Ein jüngerer, temperamentvoller Grauschimmel, versessen auf Korrektur der Rangordnung, scharrt angriffslustig mit dem Vorderhuf, wobei er, wie im spanischen Schritt, weit ausholt. Schon mehrfach hat er versucht, den Alten zu entmachten, der ihn jedes Mal in die Schranken wies. Wie einer, der Arges im Schilde führt, zur Tarnung seiner Hinterlist aber ein fröhliches Liedchen trällert, mogelt er sich, hier und da ein Hälmchen zupfend, von hinten heran. Plötzlich wendet er die Hinterhand und knallt dem Alten die Hufe gegen die Hinterbacke, um ihn vom Trog zu verdrängen. Der hebt langsam den Kopf und blickt erstaunt in die Runde. Und souverän, wie man eine lästige Fliege mit einem Handschlenker vertreibt, schiebt er den Aufmüpfigen mit seiner muskulösen Hinterhand beiseite, so sanft und liebevoll, als fürchte er, ihm ein Leid anzutun. Dabei schiebt er die Hinterbeine soweit unter den Rumpf, als wolle er sich zur Levade erheben. Dann senkt er das Maul wieder ins Wasser, als hätte das Ungeheuerliche nicht stattgefunden.

Der Grauschimmel wähnt seine Stunde gekommen. Die scheinbar schwächliche Reaktion des Leithengstes mißdeutend, schöpft er Mut, abermals den Angriff zu wagen. Er weicht zurück, rundet den Hals in stolzem Bogen, schlägt einen Halbkreis und schwebt im Imponiertrab heran. Die Aufrichtung läßt ihn größer erscheinen, als er ist, der verzögerte Stechtrab weist auf die Schlagkraft seiner Hufe hin.

Das Scharren mit dem Vorderhuf, im natürlichen Hengstverhalten eine Herausforderung zum Kampf, wird in der Lektion „Spanischer Schritt" mitunter bis zur waagerechten Streckung ausgeformt. Übung zur Gymnastizierung der Schulterfreiheit in der Passage.

Der Leithengst drängt den aufmüpfigen Grauen unter Einsatz seines Körpergewichtes vom Platz und setzt dabei die Hintergliedmaßen gebeugt unter den Rumpf. Die Stützfläche der Hinterhufe liegt unter der Körpermitte, leicht könnte er die Vorhand anheben.

In gleicher Weise setzt das Pferd zur Levade an. Der Rumpf schiebt sich zurück, die Hinterhufe fußen unter der Rumpfmitte, das Pferd zieht die Vordergliedmaßen an und erhebt sich gleichgewichtig. Der Reiter sitzt lotrecht im Schwerpunkt.

Angesichts eines Rivalen oder einer rossigen Stute läßt der Hengst im Imponiertrab die Hufe fliegen, um auf seine Schlagkraft hinzuweisen. Er wölbt den Hals in höchster Aufrichtung, um größer zu erscheinen, den Gegner einzuschüchtern und der Stute zu imponieren.

Der tänzerische Schwebegang der Passage ist die Ausformung des Stechtrabes zur Dressurlektion, die erhebliche Kraftanstrengung fordert. Der Bewegungsablauf erfährt im Augenblick der höchsten Anhebung der Hufe für Sekundenbruchteile eine Zeitverzögerung.

Vorbild Natur 57

Im Ritual des Hengstkampfes schützt das sogenannte „Hinknien" die Vordergliedmaßen vor dem Biß des Gegners. Deckungsgleich versuchen beide eine günstige Kampfposition zu gewinnen. Der Graue signalisiert durch tieferes Drucken bereits seine Unterlegenheit.

Der unterlegene Graue demonstriert dem überlegenen Leithengst durch Senken des Kopfes seine Unterwerfung. Verkleinerung der Statur bedeutet in der Körpersprache des Pferdes stets Unterlegenheit, imponierendes Aufrichten Überlegenheit und Führungsanspruch.

Die Prahlerei im Passagetritt soll den Alten einschüchtern.

Der Leithengst wirft sich blitzschnell herum. Kopf an Schweif kreiseln beide im Gleichtakt um sich selbst, um eine vorteilhafte Kampfposition zu gewinnen. Doch keiner vermag den anderen zu überlisten. Man wechselt das Ritual. Auf gestreckter Hinterhand kurbettierend, versucht man mit gebleckten Zähnen und prügelnden Vorderhufen einander niederzuzwingen. Der Jüngere, durch bittere Niederlagen gewitzt, ist auf Abstand bedacht. Das Gefecht verpufft im Schattenboxen. Da der Graue dem Alten im Steigen nicht beikommen kann, läßt er sich auf die „Knie" nieder, um ihn ins Vorderbein zu beißen. Der zahlt sofort mit gleicher Münze heim, springt überraschend auf und hilft dem Naßforschen mit knirschendem Biß in den Rücken auf die Beine.

Einer Kapriole ähnlich im Fluchtsprung auskeilend, versucht der Graue zu entkommen. Doch der Alte ist schon zur Stelle und versperrt ihm den Weg, ein Wirbel knallharter Hufschläge trommelt ihm die Rippen. Torkelnd quittiert der Geschlagene mit Unterwerfung, läßt die Ohren hängen und senkt ergeben den Kopf, als wolle er sein Gesicht vor Scham im Gras verbergen. Im Trotz der Niederlage hebt er den Schweif und quetscht drei kümmerliche Äpfel hervor, die seinem ruhmlosen Abgang den Anschein unbesiegter Terrainbehauptung verleihen sollen.

Der Alte läßt sogleich von ihm ab und begnügt sich mit optischer Abschreckung. Seine Gestalt reckt sich auf, als wandele er auf Zehenspitzen. Imponierend wächst der Hals aus den Schultern empor. Dröhnende Darmwinde, unter gelupfter Schweifrübe ins Freie drängend, sorgen für akustische Einschüchterung. Die Ohren liegen drohend nach hinten, in den Augen blitzt das Weiße auf, ab-

Die Erziehungslektion „Kompliment" verdeutlicht dem Pferd auf zwanglose Weise den übergeordneten Rang des Menschen. Lipizzanerhengst Siglavy Matyi unter Kathrin Jung.

Auch die Schulen über der Erde haben natürliche Ursprünge. Der Freudensprung auf der Weide ist die Rohfassung der Kapriole, alle Hufe verlassen Boden.

Kruppade an der Hand (Wiener Ausführung), Vorübung für die Kapriole. Die Hintergliedmaßen versammeln sich im Sprung unter dem Rumpf und keilen nicht aus.

Kapriole unter dem Reiter (Cadre Noir), das Pferd hat den Zenit bereits überflogen und setzt zur Landung an.

grundtiefe Verachtung dunkelt den Blick – ein Meisterwerk an Imponiergehabe!

Natürliche Bewegungsabläufe des Hengstgebarens sind Grundlage der zu tänzerischer Eleganz ausgeformten Dressurlektionen der Hohen Schule, deshalb werden Hengste in der klassischen Reitkunst bevorzugt. Im freien Herdenleben wird das Bewegungsverhalten stets durch bestimmte Anlässe ausgelöst. Alle Bewegungsabläufe haben ein Motiv, sind auf ein Ziel oder einen Artgenossen gerichtet. Fehlt der Auslöser, der eine Reaktion provoziert, fühlt sich das Pferd kaum angeregt, tätig zu werden. Deshalb sind die vom Reiter geforderten Lektionen aus der Sicht des Pferdes inhaltsleere Bewegungshülsen, denen die Ursache, der natürliche Antrieb fehlt. Warum soll der Hengst mit Passagetritten imponieren, wenn der Rivale oder die rossige Stute nicht zugegen sind? Warum soll er zum spanischen Schritt ausholen, wenn die Kampfansage ins Leere verpufft? Warum soll er auf die Hinterhand steigen, wenn kein Gegner angreift? Und warum soll er kapriolierend auskeilen, wenn kein Grund zur Verteidigung gegeben ist?

Das Hengstgebaren ist vorwiegend aggressiv

Vorbild Natur **59**

Haltung der Hintergliedmaßen in den Schulsprüngen auf der Stelle. 1 Kruppade, die Hufe versammeln sich im Augenblick der höchsten Schwebe unter dem Rumpf. 2 Ballotade, die Hinterhufe „zeigen die Eisen". 3 Kapriole, die Hintergliedmaßen strecken sich in voller Länge. In allen drei Sprüngen sind die Vordergliedmaßen gleichermaßen angewinkelt.

motiviert. Der Ausbilder, der den Hengst zu aggressiven Bewegungsabläufen auffordert, darf selbst niemals aggressiv auftreten und vom Pferd als Gegner begriffen werden. Auf seine Person gerichtete Angriffsabsichten muß er durch Ablenkungsmanöver sofort in friedliches Spiel verwandeln. Bei notwendigen erzieherischen Bestrafungen, die eher Ermahnungen gleichen sollen, darf der Mensch nicht als strafende Person in Erscheinung treten, vielmehr muß das Pferd den Eindruck gewinnen, daß es durch Fehlverhalten sich selbst bestraft. Der Hengst muß wissen, daß der Mensch die Führungsrolle als „ranghöchster Artgenosse" innehat, die es zu respektieren gilt, daß er aber auch ein Freund ist, dem er vertrauen kann. Eine bewährte und gewaltfreie Erziehungslektion, die die Rangfolge bestätigt, ist beispielsweise das „Hinknien" des Pferdes auf der Vorhand mit gesenktem Kopf, das mit der Bezeichnung „Kompliment" irreführend umschrieben ist. Diese Haltung wird im natürlichen Hengstkampf als Schutzmaßnahme und Demutsgeste geübt, die dem ranghöheren Artgenossen Unterwerfung signalisiert. Im Selbstverständnis des Pferdes weckt das „Ducken", die Verkleinerung seiner Statur, stets das Gefühl der Unterlegenheit. Bei Widersetzlichkeit vom Ausbilder an der Hand oder im Sattel verlangt, verdeutlicht die Demutshaltung dem Pferd gewaltfrei den übergeordneten Rang und den Führungsanspruch des Menschen. Die Lektion zeigt stets Wirkung, weil sie dem angeborenen Verhalten entlehnt ist und daher sofort verstanden wird.

Stätten klassischer Reitkunst

Hacer el camino (den Weg machen) murmelt freudig und zugleich andächtig der Caballero, wenn er in Sevilla oder Huelva in den Sattel seines andalusischen Hengstes steigt, um auf Pfingstwallfahrt zu gehen. Auf uralten, ausgetretenen Pfaden, riesige Staubwolken hinter sich aufwirbelnd, ziehen zahllose Reitergruppen, Gespanne und Ochsenkarren in endlosen Trecks und frommer Eintracht gen El Rocio, um in der Wallfahrtskirche des Dorfes der Heiligen Jungfrau zu huldigen und Erlösung von irdischem Jammer zu erflehen.

Fröhlich wallfahren Bruderschaften und Familien im Sattel nach El Rocio, um der Heiligen Jungfrau zu huldigen. Pfingstsamstag ist der Tag der Reiterpromenade, der Tag weltlicher Festesfreude und gegenseitiger Besuche. Wer Reitpferd oder Gespann und Kutsche besitzt, flaniert durch die Straßen des Dorfes, um zu sehen und gesehen zu werden.

Das Dorf gleicht einem Flecken im Wilden Westen, wo sich die Helden aller Pferdeopern ein prunkvolles Stelldichein geben. Gegen Mittag sitzen alle Selbstdarsteller im Sattel oder auf dem Kutschbock. Bruderschaften defilieren vor dem Portal der Kirche, um den Segen des Bischofs zu empfangen.

Tausende von Reitern ziehen bei vierzig Grad Hitze durch die staubigen Straßen, Kinder aller Altersstufen sind mit von der Partie, die Kleinen sitzen vor Vater oder Mutter im Sattel, größere zügeln das eigene Pferd.

Stätten klassischer Reitkunst

Attraktive Andalusierinnen präsentieren sich auf dem Pferderücken im Seitsitz hinter ihrem Gebieter und lassen ihre Kleider malerisch über die Kruppe wallen. Der heutzutage galante Brauch ist ein Relikt keltiberischer Krieger, die einst mit einem Mitstreiter hintenauf ins Gefecht ritten, der bei Feindberührung absaß und als Infanterist die Kampfkraft verdoppelte.

Der dreitägige Ritt führt durch sandige Einöden und lichte Pinienwälder, während der Mittagshitze wird gerastet und gefeiert. Sherry, der junge Wein von Jerez, fließt in Strömen. Kurzgesänge und rhythmisches Händeklatschen animieren temperamentvolle Señoritas zum Kastagnettentanz mit wiegenden Hüften. Besorgt und unablässig segnend eilen Diener des Herrn von Rastplatz zu Rastplatz, um weinseliger Zügellosigkeit kirchlichen Zaum anzulegen. Am Freitagabend ist das weiträumige Dorf von einer unübersehbaren Menschenmenge bevölkert.

Pfingstsamstag promenieren Reiterinnen und Reiter in endloser Folge bis tief in die Nacht durch die breiten Straßen des Dorfes, um zu sehen und gesehen zu werden. Nächstenliebe und Gastfreundschaft sind allgegenwärtig. Fußgänger wünschen einander Glück und den Segen der Heiligen Jungfrau. Berittene parieren ihre Pferde vor den Häusern von Bruderschaften und Freunden, um ein Schwätzchen einzulegen und sich einen Sherry zu genehmigen.

Edle Hengste imponieren in erhabenem Gang, ihre Reiter feiern Triumphe der Selbstdarstellung. Mitunter wiegt sich ein Caballero lässig im Rhythmus der Piaffe oder läßt sein Pferd in der Passage davonschweben. Den Sombrero tief in die Stirn gezogen, orientieren sich seine Augen, über die Niederungen des Fußgängers hinweg, am Horizont. Der Schattenfall des Hutes verleiht seinem Blick jene reservierte Schärfe, die Besuchern gehobener Westernfilme nicht ganz unbekannt ist. Nicht minder stolz und selbstbewußt reckt sich Don Quijote im Sattel eines angemieteten Rocinante. Sein schmaler Geldbeutel verbietet finanzielle Kapriolen. Dennoch opfert er die letzten Pesetas, um dabei sein zu können. Reiten gehört zum Selbstverständnis des andalusischen Mannes, erst das Pferd macht den Caballero.

Die Wallfahrt nach El Rocio ist für bodenständige Bewohner Andalusiens ein tiefes, religiöses Bedürfnis und absoluter Höhepunkt des Jahres, für den jede Peseta gespart wird. Farbenprächtige Kostüme und Gastfreundschaft für jedermann geben Zeugnis davon.

Das Pferd ist neben dem Stier zentrale Figur auf allen Festlichkeiten und im Alltag andalusischen Lebens. Schon Kinder sitzen anmutig und gleichgewichtig im Sattel temperamentvoller Hengste, ohne eine systematische Reitausbildung erfahren zu haben. In der Reittradition Iberiens hat das Erbe der vorchristlichen Keltiberer in abgestuften Varianten bis heute prägende Spuren hinterlassen. Die Gebrauchsreiterei der Vaqueros ist als urtümliche Roh-

Stätten klassischer Reitkunst

fassung der klassischen Reitweise, als Mittel zum Zweck des Stiertreibens, mithin als handwerkliche Grundstufe zu betrachten. Der Stierkampf zu Pferd ist ebenfalls zweckgebunden, weil das Verhalten des Stieres die Lektionen des Reiters beeinflußt. Da aber dessen Können höchsten Dressuransprüchen genügen muß, ist das Geschehen sinngemäß höher als Kunsthandwerk einzustufen. Die zweckfreie Kunstform der Hohen Schule indes spiegelt sich in den Ausbildungsprogrammen der offiziellen Reitschulen Andalusiens und Portugals wider, die iberisches Reitverständnis auf höchstem Niveau darstellen.

Zahlreiche Manöver der Vaqueros sind anspruchsvolle Dressurlektionen in Rohfassung. Die Reiter halten stets respektvoll Abstand von den aggressiven Kampfstieren. Wird deren Individualdistanz unterschritten, pflegen sie sofort anzugreifen, dann hilft nur die Flucht.

Das Aussondern einzelner Kampfstiere gelingt nur mit Hilfe zahmer, dressierter Leitochsen, die den Stier auf Zuruf in ihre Mitte einschließen und fortführen. Die Lanze ist der verlängerte Arm der Reiter, die den Stier optisch in die gewünschte Richtung drückt.

Der Stierkämpfer zu Pferd muß fast alle Lektionen der Hohen Schule beherrschen und blitzschnell ausführen, um vor dem angreifenden Stier bestehen zu können. Der Stier verzeiht keine Fehler. Zwangsläufig muß die schulmäßig korrekte Ausführung der Lektionen mitunter eine Einbuße erleiden.

Iberien
Stierkampf zu Pferd

Stier und Pferd, die in der Freiheit des Weideganges in Eintracht leben, werden vom Reiter in der Arena zu Kontrahenten bestimmt, der Stier zum Jäger, das Pferd zum Gejagten. Der Stier ist zugleich Statist, an dessen Verhalten der Reiter seine Künste mißt. Das Pferd spielt den Köder, dessen Bewegungsabläufe den Stier zum Angriff reizen. Die Hörner des Stieres sind gestutzt, um die Stoßgenauigkeit herabzusetzen und das Pferd vor gravierenden Verletzungen zu bewahren. Das Pferd vibriert in ängstlicher Hochspannung, weil es vom Reiter in eine Situation gedrängt wird, die seinem Naturell widerspricht. Der Stier, hin- und hergerissen von Ratlosigkeit und Angriffswut, ahnt nicht, was ihn erwartet. Mensch und Pferd, vielfach erfahren, wissen vorab, was auf sie zukommt und was sie zu tun haben. Die Frage bleibt, ob die physische Überlegenheit des Stieres den geistigen Vorsprung und die Behendigkeit des Reiters auszugleichen vermag?

Mit dem Setzen der Banderillas kann der Matador sein artistisches Können beweisen. Die Bewegungen des Pferdes empfindet der Stier als Provokation und Aufforderung zum Angriff. Manuel Vidrie in freihändiger Piaffe, die Zügel sind am Gürtel eingehakt.

Einzug berittener Stierkämpfer (Rejoneadores) in die Arena. Portugiesische Reiter (Zweiter von rechts) treten stets in historischen Kostümen auf. Zu Beginn demonstiert jeder Reiter mit einigen Dressurlektionen ohne Stier sein reiterliches Können.

Fluchtmanöver im Viertaktgalopp. Flucht und heftige Gliedmaßenbewegungen des Pferde sollen den Stier zum Angriff reizen. Die reiterlichen Hilfen müssen absolut präzise, die Manöver genau taxiert sein, um ein Straucheln des Pferdes zu vermeiden.

Oder triumphieren Wissen und Arglist des Menschen über Arglosigkeit und Unerfahrenheit des Tieres?

Stierkampf-Pferde erfahren eine Ausbildung auf höchster Dressurstufe bis zu den Lektionen der Hohen Schule, die teilweise speziell auf Stierkampf-

Manöver abgestimmt und variiert sind. Nach abgeschlossener Ausbildung treten etwa zehn Prozent dieser Spitzenpferde gegen den Stier an, die übrigen hat der Mut verlassen. Sie müssen ausgeschieden werden, weil sie angesichts des Kontrahenten in der Arena in Panik geraten.

Auffällig sind federnde Durchlässigkeit und tänzerische Leichtigkeit, unmittelbarer Gehorsam und selbsttätige Mitarbeit der Pferde, an denen freilich auch die Wirkung der Serreta (ein gezackter Metallbügel unter dem Nasenriemen, der bei Zügelstraffung schmerzhaft auf das Nasenbein drückt) ihren Anteil hat. Provozierendes Anreiten, geschmeidiges Ausweichen und blitzschnelles Davonspurten täuschen Aggression und Flucht vor und reizen den Stier immer wieder zum Angriff, damit der Reiter im Vorbeiritt die Spieße in den Widerrist setzen kann. Das Pferd ist leicht rechts gestellt, die hohle Körperseite weist zum Stier, es weicht stets nach links aus. Der Reiter bedient die Stäbe mit der rechten Hand, die linke führt den Zügel.

Die Konfrontation zwischen Reiter und Stier, die zwanzig Minuten andauert und sich in drei Abschnitte gliedert, wird im Wechsel von drei Pferden bestritten. Im ersten Kampfdrittel setzt der Reiter drei Harpunen, deren Schäfte abbrechen, in den Widerrist des Stieres, um dessen Angriffstempo zu verlangsamen und berechenbarer zu machen; im zweiten Drittel folgen Banderillas, bunte Stäbe mit Widerhaken, deren Handhabung Kunstfertigkeit und Geschicklichkeit des Reiters demonstrieren; im letzten Drittel empfängt der Stier den Todesstoß durch die Lanze. Beim Setzen der Banderillas kann der Reiter sein ganzes Können beweisen. Gefährlichstes Manöver ist das Anreiten „von Angesicht zu Angesicht". Der Reiter hakt die Zügel am Gürtel ein und reitet freihändig – in jeder Hand einen Stab – im Galopp frontal auf den Stier zu. Kurz vor dem

Alvaro Domecq mit dem Manöver „von Angesicht zu Angesicht", das höchstes Risiko bedeutet. Der frontale Anritt des Stieres erfordert selbsttätige Mitarbeit des Pferdes, im letzten Augenblick vor dem Zusammenprall weicht es seitwärts aus.

Zusammenprall weicht das Pferd selbsttätig in eleganter Längsbiegung zur Seite aus. Pferd und Stier schießen dicht aneinander vorbei, während der Reiter die Stäbe in den Widerrist des Stieres setzt. Das Manöver mit dem Todesspieß ist kurz, sachlich und unspektakulär dem Ernst des Augenblicks angemessen. Es geht darum, dem Stier einen schnellen, schmerzlosen Tod zu bereiten. Der Todesstich zielt senkrecht zwischen die Schulterblätter auf das Herz. Gelingt der Lanzenstich nicht auf Anhieb, weil der Stahl auf Knochen trifft, muß der Reiter absitzen und den Stier, wie ein Matador, zu Fuß töten – ein Alptraum, der jedem Reiter die Knie schlottern läßt.

In Portugal, wo der Stierkampf zu Pferd seit dem Mittelalter Tradition hat, verbot die Regierung im 19. Jahrhundert das Töten des Stieres in der Arena. Seither beschränken sich die Manöver auf Harpunen und Banderillas. Die Hörner des Stieres sind zum Schutz von Pferd und Reiter mit Lederkappen versehen. Der Stier endet im Schlachthaus oder wird nach Ausheilung seiner Wunden als Vatertier auf die Weide entlassen. Die entschärfte Fassung des Stierkampfes hat der Reitkunst portugiesischer Reiter keinerlei Abbruch getan, ihre überragenden reiterlichen Fähigkeiten genossen schon immer die Bewunderung ihrer spanischen Kollegen.

Viele Frauen begnügen sich nicht mehr mit dem Seitsitz auf der Pferdekruppe, im Land des Machismo haben sie den Herrensattel für sich erobert.

Iberische Reitkunst

„So tanzen die andalusischen Pferde" verkündete ein Transparent über dem Eingang eines großen Zeltes in Jerez de la Frontera, als die Königlich-Andalusische Reitschule, zunächst aus privater Initiative, im Jahre 1973 ins Leben gerufen wurde. Alvaro Domecq, Stierkämpfer zu Pferd und Kampfstierzüchter, gründete die elitäre Institution, um der iberischen Reitkunst richtungsweisende Maßstäbe zu setzen und um dem internationalen Publikum auf der alljährlich stattfindenden Feria del caballo (Pferdemesse) in Jerez iberische Reitkultur auf höchstem Niveau vorzustellen. Cartujano-Hengste, Abkömmlinge der edelsten und ältesten Stammlinie des andalusischen Pferdes, die seit dem 15. Jahrhundert besteht, waren auserwählt, die Hohe Schule spanischer Reitkunst zu demonstrieren. 1983 stellte der Staat einen historischen Schloßpark mit neu erbauten Stallungen für sechzig Pferde und einer großen Reithalle für 1600

Dressurquadrille der Königlich-Andalusischen Reitschule, Jerez de la Frontera.

Spanischer Caballero.

Damensattel einer portugiesischen Königin aus dem 19. Jahrhundert.

Portugiesische Kandare.

Portugiesischer Kastensteigbügel.

Zuschauer zur Verfügung. 1987 erhielt die Reitschule unter der Schirmherrschaft des Königs offiziellen Status. Zielsetzung ist die Wahrung und Förderung der klassischen Reitkunst und die Ausbildung fortgeschrittener Reiter und Fahrer. Insgesamt sechzig Pferde werden in täglicher Arbeit von zwanzig Reitern ausgebildet. Eine eigene Aufzuchtstätte, die für den Pferdenachwuchs sorgt, und eine Pferdeklinik, die allen Pferdebesitzern offensteht, sind der Schule angeschlossen.

Die Königlich-Andalusische Reitschule ist durch glanzvolle Auftritte auch in Deutschland bekannt geworden. Das Programm zeigt einen Querschnitt durch spanische Reitkultur von der Gebrauchsreiterei bis zur Hohen Schule:

Reiterpaare in Volkstracht; Manöver aus der Gebrauchsreiterei der Vaqueros; Dressurquadrille zu viert; Lektionen an der Hand und am langen Zügel; Schulen über der Erde; Solovorführung in der Hohen Schule; große Dressurquadrille.

Die Darbietung entspricht dem Niveau der Wie-

70 *Iberien*

ner Schule, unterscheidet sich aber durch die freiere romanische Reitweise und folkloristische Färbung. Schönheit und Eleganz des Erscheinungsbildes und melodischer Bewegungsablauf genießen höhere Wertschätzung als ausgefeilte Exaktheit der Lektionen. Die Pferde gehen vorwiegend am leichten Zügel in selbsttragender Aufrichtung, ohne Bevormundung durch permanent einwirkende Zügelführung. Im Eifer selbsttätiger Mitarbeit kommen sie der Hilfengebung bisweilen zuvor, so daß die Lektionen an Korrektheit verlieren. Doch der Glanz der Ausstrahlung, tänzerischer Charme der Bewegungsabläufe und sensible Einfühlung der Reiter machen Ungenauigkeiten mehr als wett. Der Gesamteindruck der Darstellung vermittelt vollendete

Andalusische Freizeitreiter.

Iberischer Standardsattel mit hohem und breitem Vorder- und Hinterzwiesel für Freizeit und allgemeine Zwecke, der dem Reiter einen festen, unverrückbaren Sitze verleiht. Dressurreiter und Stierkämpfer verwenden jeweils zweckentsprechende Spezialsättel.

Iberien 71

Portugiesische Schule der Reitkunst. Das Ausbildungsprogramm des Instituts gründet vor allem auf der Reitlehre des Marquis von Marialva, der auch ein Regelwerk für den Stierkampf zu Pferd aufstellte, das bis heute Gültigkeit hat.

Harmonie zwischen Reiter und Pferd, die zuweilen künstlerische Höhepunkte erreicht.

Auf gleichem Niveau muß die Portugiesische Schule klassischer Reitkunst Erwähnung finden, deren Programm ebenfalls auf der Hohen Schule aufbaut. Die kleine aber feine Institution beruft sich auf die Lehren des Marquis von Marialva, eines portugiesischen Zeitgenossen von Guérinière, der nicht nur gleichlaufende Richtlinien für die iberische Reitweise entwickelte, sondern auch verbindliche Regeln für den Stierkampf zu Pferd aufstellte.

Die barock kostümierten Reiter der Schule bevorzugen die kräftigen braunen Altér Real-Hengste aus portugiesischer Zucht, die dem andalusischen Pferd sehr ähnlich sind und die gleiche Rittigkeit aufweisen.

72 *Iberien*

Frankreich
Romanische Eleganz

Die Reiter-Elite der Nationalen Reitschule Frankreichs, der Cadre Noir in Saumur, ist nach militärischer Vergangenheit mittlerweile in zivilen Status übergegangen. Nach militärischem Reitverständnis remontierte man seit dem 19. Jahrhundert ausschließlich Vollblüter, Anglo-Araber und Warmblutpferde. Die schwarzen Reiter beeindrucken durch ihren geraden Sitz tief im Pferd und fein dosierte Zügelführung, die dem Pferd innerhalb der Beizäumung angemessene Halsfreiheit gewährt. Der langrückige und flachgängige Typ des vollblütigen Pfer-

Cadre Noir, Dressurquadrille vor der Ecole de cavalerie in Saumur anläßlich des alljährlich stattfindenden „Carousels". Die Schauveranstaltung demonstriert den Leistungsstand der Elite-Reiter in den Schulen auf und über der Erde. Der Paradeschritt (vorderes Pferd) bleibt allein dem Ecuyer en chef vorbehalten.

des bestimmt die Reitmethode, deshalb wird der Schubkraft, mithin dem Vorwärtsschwung, größere Bedeutung beigemessen als der Tragkraft mit gebeugten Hanken, für die der Vollblüter nicht geschaffen ist. Sparsam dosierte Versammlung belastet Vor- und Hinterhand nahezu gleichmäßig, die Energie der Hilfengebung wirkt eher auf die Körpermitte des Pferdes denn auf die Hinterhand. Romanischer Reitauffassung entsprechend, genießt melodischer Bewegungsablauf höheren Stellenwert als penible Exaktheit der Lektionen. Ziel der Ausbildung ist das in schwebender Leichtigkeit schwungvoll vorwärts gehende Pferd, wobei dem perfekten reiterlichen Sitz vorrangig Aufmerksamkeit geschenkt wird.

Die Lektionen der Sauteurs (Schulen über der Erde), meist von stabilen Warmblutpferden ausgeführt, sind Relikte jener Zeit, als das Pferd mitstreitender Kampfgefährte des berittenen Soldaten war. Die Dressurquadrille, in geschlossener Formation und militärischer Disziplin ausgeführt, vermittelt jenes Flair romanischer Leichtigkeit und Eleganz, die sowohl französischer Mentalität, als auch Temperament und Charme vollblütiger Pferde entspricht. Seit dem Einzug des Cadre Noirs in das Ausbildungszentrum Terrefort der Nationalen Reitschule gewinnt die Ausbildungsmethode der „Schwarzen Reiter" zunehmend Einfluß auf den Turniersport.

Dem verwendeten Pferdetyp entsprechend beruft sich der Cadre Noir nicht auf die höfische Barockreiterei der Versailler Schule und nur geringfügig auf Guérinière, sondern stärker auf Francois Baucher, jenen häufig mißverstandenen und bis heute umstrittenen Dressurreiter des 19. Jahrhunderts. Dieser bevorzugte Vollblutpferde und war bestrebt, versammelnde Reitweise auf langrückige Pferdetypen zu übertragen. Seine unkonventionel-

Wie die Levade für die Spanische Reitschule, wurde die Courbette, ein Steigen des Pferdes ohne Hankenbeuge, zum unverwechselbaren Emblem des Cadre Noirs. Die Lektion entspricht dem natürlichen Steigen des Pferdes und ist eine Mutprobe für den Reiter.

Im Gegensatz zum „Luftsprung" der Kruppade in Wien verharren die Vorderhufe des Pferdes in der französischen Croupade am Boden, nur die Hintergliedmaßen strecken sich im Auskeilen. Eine Lektion der Verteidigung nach hinten aus dem Reiterkampf vergangener Zeiten.

Die französische Courbette unterscheidet sich von der Wiener Kurbette durch Verharren in Denkmalshaltung auf der Stelle. Das Pferd hüpft nicht – wie in Wien – in mehreren Sprüngen vorwärts.

Frankreich 75

len Ausbildungsmethoden, die bisweilen einzelne Körperpartien des Pferdes getrennt bearbeiteten und als kurzfristig korrigierende Übergänge zu verstehen waren, wurden von Zeitgenossen häufig als Endziel mißverstanden und gerügt.

Baucher hatte die Unmöglichkeit erfahren, tiefe Hankenbeuge und starke Versammlung des Barockpferdes auf langlinige Vollblüter zu übertragen. Deshalb strebte er eine nur leichte Versammlung ohne Hankenbeuge innerhalb eines großen Rahmens an, die dem Pferd die Gleichgewichtsängste nahm. Dabei verharrt der Pferderumpf in waagerechter Position, während das Barockpferd in starker Versammlung oft eine leicht schräge Rumpflage nach vorwärts-aufwärts einnimmt.

In Wien wird höchste Vollendung der Fähigkeiten gleichermaßen vom Pferd wie vom Reiter verlangt. In Saumur hat der perfekte Sitz des Reiters Priorität. Im Dressursport ist überwiegend das Pferd Ziel richterlichen Augenmerks, exakte Ausführung der Trittfolgen und Lektionen steht im Vordergrund wettbewerblicher Bewertung. Im Dressursport wie im Cadre Noir wird der gleiche Pferdetyp bevorzugt, doch die Reitauffassungen unterscheiden sich erheblich. Die Sportdressur, gern als „germanische" Reitweise gedeutet, bevormundet das Pferd durch straff bestimmende Zügel- und Schenkelhilfen, die vor Trittfehlern bewahren sollen. Das französische Reitverständnis, als „romanische" Reitweise geläufig, setzt vor allem auf korrekten Sitz des Reiters und gestattet dem Pferd jene Freiräume innerhalb der Versammlung, die auch dem Barockpferd gewährt werden. Die Wiener vereinen einen vorbildlichen Sitz mit Korrektheit des Ganges und sind deshalb auch für andere Reitweisen, zumindest teilweise, beispielhaft für Reiter und Pferd.

Österreich
Hüter barocker Tradition

Heil'gen Brauches sind wir Erben,
laß' oh Herrgott niemals sterben
unsern alten Reitergeist....

Unbeirrt, wie ein Fels in der Brandung, überdauerte die Spanische Reitschule in Wien Zeitmoden wechselnder Reitauffassungen und folgte der Tradition höfischer Barockreiterei und den zeitlos gültigen Reitregeln eines Guérinière. Das weltweit einmalige Monument der Reitkunst blieb bis in die Gegenwart Ideal und Vorbild für alle Reiter, die in der Ausübung dressurmäßiger Lektionen, fern von Wettbewerb und Kommerz, allein den Einklang von Mensch und Tier anstreben. Die Verschmelzung von perfektem reiterlichem Sitz, unsichtbarer Hilfengebung und präzise ausgefeilten Lektionen zu zentaurischer Harmonie ist Ziel der Ausbildung, das mit höchstem reiterlichen Anspruch Maßstäbe für die Schulreiterei bis zur Hohen Schule setzt. Das Ausbildungsprogramm gliedert sich in die Schulen auf der Erde (Lektionen in den Gangarten, z. B. Pirouette), die Schulen über der Erde (das Pferd fußt auf den Hinterhufen, z. B. Levade) und die Schulsprünge (alle vier Hufe verlassen den Boden, z. B. Kapriole). Gemäß barocker Tradition betont die Ausbildung die Tragkraft der Hinterhand, mithin vollendete Gymnastizierung der Hankenbeuge, die erhabene und schwebende Bewegungsabläufe zum Ziel hat, wobei weiter Raumgriff notgedrungen eine Einbuße erleiden muß. Der barocke Pferdetyp des Lipizzaners, dessen Zucht über Jahrhunderte auf Dressurfähigkeit ausgerichtet war, kommt dem Ausbildungsziel der Hohen Schule weit entgegen.

Das Pferd ist präziser und unbestechlicher Lehrmeister, der jeden Fehler des Reiters widerspiegelt, lautet verkürzt die Devise der Bereiter. Würde und Wohlergehen des Pferdes haben Priorität, Erhaltung der unverdorbenen Pferdepsyche ist oberstes Gebot. Das Ausmaß reiterlicher Forderungen wird grundsätzlich von den physischen und psychischen Entwicklungsstufen des Pferdes bestimmt. Die Dressurausbildung ist ein Prozeß, der mindestens zehn Jahre währt, ja lebenslang andauert. Oftmals erreichen die Hengste ein leistungsfähiges Alter weit über das zwanzigste Lebensjahr hinaus. Die Ausbildung beginnt im Alter von vier Jahren zunächst an der Longe und wird später im Sattel fortgesetzt. Die Schulung der Reiter, von denen strenge Selbstdisziplin verlangt wird, dauert fünfzehn Jahre, bevor sie junge Pferde ausbilden. Anatomische und psychische Harmonie zwischen Mensch und Tier bestimmen die Partnerwahl, das Einverständnis des Pferdes mit seinem Reiter ist Voraussetzung für reiterliches Gelingen. Der Reiter ist bestrebt, eine enge, vertrauensvolle Beziehung zu seinem Pferd zu schaffen.

Anfangs wird das Pferd in natürlicher Haltung und Gangbewegung an den Reiter gewöhnt. Korrektes Ausreiten der Wendungen, Gymnastizierung der Längsbiegung in den Seitengängen, Untersetzen der Hinterhand und Suche nach dem gemeinsamen Gleichgewicht folgen nach Vorgabe der Hufschlagfiguren. Um keine Gleichgewichtsängste aufkommen zu lassen, beginnen stärker versammelnde und hankenbeugende Lektionen frühestens nach mehrjähriger Grundausbildung und angemessener Gymnastizierung. Wenn Hankenbeuge und daraus resultierende Aufrichtung in den Schulen auf der Erde erreicht sind, folgen die Schulen über der Erde und die Schulsprünge der Hohen Schule jeweils nach individueller Veranlagung eines Pferdes. Augenfälliges Wahrzeichen der Spanischen Reitschule ist die tief in den Hanken gebeugte Levade, die in vielen Reiterdenkmälern der vergangenen Jahrhunderte verewigt wurde.

Die Kapriole, der schwierigste Schulsprung, ist springfreudigen Pferden vorbehalten, die charakterlich ein gewisses Maß an Aggressivität besitzen. Der Sprung ist gelungen, wenn das Pferd vor dem Zenit die Vordergliedmaßen anwinkelt und die Hintergliedmaßen streckt.

Österreich

Deutschland
Enklave der Reitkunst

Im Gegensatz zu Österreich, Frankreich und Spanien unterhält der deutsche Staat keine offizielle Institution für klassische Reitkunst. Priorität genießt der wettbewerbliche Dressursport, der vergangene militärische mit klassischen Aspekten zu vereinen sucht. **Egon von Neindorff,** Reitmeister von hohen Graden, machte sich vor vier Jahrzehnten zur Lebensaufgabe, die Lücke zu schließen und eine Pflegestätte klassischer Reitkunst ins Leben zu rufen, die parallel zur Spanischen Reitschule in Wien das barocke Erbe fortführt. In Abgrenzung zum Turniersport beharrte er eigenwillig auf Bewahrung historischer Reitkultur, zunächst belächelt oder gar angefeindet von jenen Sportreitern, die das Pferd als Sportgerät betrachten. Betritt man die Reitschule, ein ehemals herzogliches Kasernengelände, bleiben Hast und Geschäftigkeit des Stadtlebens am Eingang zurück. Die Zeit, fragwürdige Erfindung des Menschen, scheint stehengeblieben. Nostalgische Ruhe umfängt den Besucher, vertraute Pferdewitterung und zufriedenes Schnauben dringen aus offenen Stalltüren ins Freie. Reithaus und Stallungen, im Winkel angeordnet, schirmen den Innenhof von der Außenwelt ab. Die Enklave der Reitkunst vermittelt eine Atmosphäre zeitlosen Reitergeistes, die moderne Reitbetriebe häufig vermissen lassen.

Der Hausherr lädt zum Stallrundgang. Wie allerorten unter passionierten Pferdefreunden fühlt sich der Besucher sofort heimisch. Die Blicke der Pferde drücken wache Neugier, Vertrauen zum Menschen und Zufriedenheit aus. Im stimmungsträchtigen Reithaus, das unter Denkmalschutz steht, proben Schülerinnen und Schüler im Sattel und an der Hand klassische Lektionen.

Egon von Neindorff, 1923 geboren, ist mit Pferden aufgewachsen. Nach dem Krieg widmete er seine reiterliche Passion erfolgreich dem Turniersport, dem er jedoch 1954 den Rücken kehrte, um seine ganze Kraft einer eigenständigen Reitschule zu widmen. Seitdem betrachtet er den Dressursport, vor allem dessen Auswüchse, mit kritischem Blick. Als junger Reiter hatte er das Glück, auf bedeutende Lehrer zu treffen. Richard Wätjen und Ludwig Zeiner (Bereiter der Spanischen Reitschule) erteilten ihm Reitunterricht, Felix Bürkner, Otto Lörke und Alois Podhaisky waren Gesprächspartner. Gleichwohl beteuert er, daß die Pferde seine wahren Lehrmeister seien.

Das Wohlergehen seiner Pferde geht ihm über alles, unsachgemäße Behandlung und Mißbrauch können ihn heftig erzürnen. Vom frühen Morgen bis zum späten Abend rastlos um das Wohl seiner Pferde besorgt, füttert er fünfmal am Tag persönlich, um die Nahrungsaufnahme den natürlichen Gepflogenheiten des Pferdes anzunähern und geregelter Verdauung Vorschub zu leisten. Neben detaillierter Überwachung des Stallgeschehens stehen täglich vier bis fünf Unterrichtsstunden auf dem Tagessoll. Eine Grundregel Egon von Neindorffs lautet, allein Wesenheit und Charakter, Veranlagung und Fähigkeiten des Pferdes sind der Maßstab für die Forderungen des Reiters, die nicht überzogen werden dürfen. Nicht der Reiter, sondern das individuelle Vermögen des Pferdes bestimmt den zeitlichen Ablauf der Ausbildung. Der Zufriedenheit der Pferdepsyche wird der gleiche Stellenwert eingeräumt, wie der Ausbildung der Bewegungsabläufe. Stumpfes Abrichten zur Automation ist streng verpönt. Achtung des Reiters vor der Würde des Pfer-

Egon von Neindorff auf seinem legendären Lusitanohengst Jaguar in der Passage. Der Reitmeister schuf ein privates Reitinstitut, das in der Bundesrepublik zum Mekka grundsolider Ausbildung für Freunde der klassischen Reitkunst wurde.

des ist striktes Gebot, die sich auch in zurückgenommener Hilfengebung ausdrückt, die dem Pferd innerhalb der Versammlung entspannte Freiräume und damit selbsttätige Mitarbeit zugesteht. Die in diesem Rahmen vom Pferd angebotene durchlässige Versammlung und natürliche Aufrichtung ohne Zügelzwang sind Akzente, die auch die romanische Reitweise auszeichnen. Der Reiter fordert nicht bedingungslosen Gehorsam, sondern erkundet über seine Hilfengebung die Antwort des Pferdes, ob es mit der reiterlichen Arbeit einverstanden ist. In diesem Sinn ist Reiten nicht Ausübung von Herrschaft, sondern partnerschaftliche Zusammenarbeit. Ziel der Ausbildung ist eine Versammlung im Rahmen individueller Veranlagung des Pferdes bis zur Hankenbeuge in leichtfüßiger, wendiger Eleganz der Bewegungsabläufe. Reiten könne sich erst dann zur Reitkultur und vielleicht zur Kunstform entwickeln, meint der Reitmeister, wenn Herz, Kopf und Körper des Reiters gleichermaßen beteiligt sind. Die Philosophie Egon von Neindorffs setzt damit intellektuelle und emotionale Maßstäbe, die so-

Deutschland

Melissa Simms, Schülerin Egon von Neindorffs, demonstriert sanfte Zügelaufnahme ohne Einbuße des Vortritts der Hintergliedmaßen.
1. Dehnungshaltung am hingegebenen Zügel, Entlastungssitz der Reiterin, das Pferd trabt schwungvoll vorwärts.
2. Die Reiterin sitzt behutsam in den Sattel ein und nimmt langsam die Zügel auf. Der Schub der Hinterhand bleibt unvermindert fleißig.
3. Lotrechter, stärker einwirkender Sitz, treibende Gesäß- und Schenkelhilfen verstärken sich und überwiegen die annehmenden Zügelhilfen. Der Pferdehals bleibt in jeder Phase entspannt ohne sich zu verengen, die Profillinie des Kopfes verharrt trotz zunehmender Beizäumung stets vor der Senkrechten.

wohl den Tierschutz als auch den künstlerischen Anspruch in die Ausbildung einbeziehen.

Das 1949 gegründete Reitinstitut ist offen für Anfänger und Fortgeschrittene. Das Ausbildungsprogramm reicht von den Grundlagen bis zur Hohen Schule, die klassischen Schulsprünge eingeschlossen. Das Ausbildungsstadium der Pferde bewegt sich zwischen Remonte und Hochschulreife, viele Pferde erreichen aufgrund gründlicher Gymnastizierung ein hohes Lebensalter. Der verantwortungsbewußten Einstellung des Reitmeisters gemäß bleibt professioneller Pferdehandel ausgeschlossen.

Im Frühjahr und Herbst finden seit 1954 alljährlich „Festabende klassischer Reitkunst" statt, zu denen Pferdefreunde aus dem In- und Ausland anreisen. 35 Pferde unterschiedlicher Rassen und Ausbildungsstufen paradieren zu den Klängen klassischer Musik. Das Programm zeigt einen Querschnitt der Institutsarbeit von den Grundgangarten bis zur Hohen Schule, im Sattel, an der Hand und am langen Zügel. Alle Teilnehmer sind Schüler des Instituts und Amateure, die in der Freizeit ihre Passion ausüben. Mit zähem persönlichem Einsatz, in privater Bescheidung und ohne Sponsoren hat Egon von Neindorff eine international anerkannte Reitschule geschaffen, aus der viele Reiter mit Hochschulreife hervorgegangen sind. Allen Widerständen zum Trotz schwamm er gegen den Strom, um in stiller und seriöser Arbeit seine reiterlichen Vorstellungen zu verwirklichen.

Im Pensionsalter setzt der Reitmeister seinen Fuß nur noch selten in den Steigbügel, doch jene Zeit, als er seinen legendären Lusitanohengst Jaguar ritt, bleibt Freunden des Hauses in lebhafter Erinnerung. Der Schwerpunkt seines Wirkens liegt nunmehr in intensiver Lehr- und Ausbildungstätigkeit. Mit Umwandlung des Instituts in eine Stiftung im Jahre 1991 erfuhr Egon von Neindorff öffentliche Anerkennung und Förderung, die in Zukunft Pflege und Erhaltung der klassischen Reitkunst sichern soll. Gleichwohl wurde die Nutzung der Gebäude und des Geländes vom Staat gekündigt. Den Freunden der klassischen Reitkunst bleibt die Hoffnung, daß es Egon von Neindorff vergönnt sein möge, seine vorbildliche Arbeit in einem anderen, gleichwertigen Domizil fortsetzen zu können.

Manöver aus dem Stierkampf zu Pferd. Das Angriffsgebaren des Hengstes, provozierendes Steigen, soll den Stier in der Arena zum Angriff bewegen, weil der Mensch es will. In der Natur sind Pferd und Rind keine Feinde. Andalusierhengst Peletero unter Ellen Graepel.

Rancho Andaluz

Ellen Graepel, einst erfolgreiche Turniersport-Amazone, widmet sich mit Leidenschaft der iberischen Reitweise. Obgleich germanischer Mentalität, gelingt es ihr mit feinem Gespür, romanisches Reitverständnis auf höchster Ebene überzeugend in die Tat umzusetzen und mit heiterer Anmut darzustellen. Im friesländischen

Deutschland **81**

Jährlich ist eine Spanienreise fällig, um reiterliche Studien vor Ort zu betreiben und Nachwuchspferde zu erwerben, die nach dressurmäßiger Ausbildung zum Verkauf stehen. Sorgsam wird darauf geachtet, daß sie in berufene Hände gelangen. Die solide Grundausbildung der Hengste beginnt mit dem fünften Lebensjahr, um den physischen und psychischen Reifeprozeß nicht zu beeinträchtigen.

Ellen Graepel sattelt den silberweißen Cartujanohengst Alamin, bildschönes Reitpferdmodell und Dressurstar des Stalles. Original spanisch sind Sattlung und Zäumung, stilecht auch die Reitertracht spanischer Stierkämpfer – schwarzer Sombrero, fla-

Passage freihändig mit Banderillas, die Zügel sind am Gürtel eingehakt. Das hohe Ausgreifen ist eine charakteristische Eigenschaft iberischer Pferde, die auf schräg gelagerten Schultern beruht. Die Weite des Raumgriffs wird zwangsläufig kürzer.

„Rancho Andaluz" ist der interessierte Besucher herzlich willkommen. Fünfzehn andalusische Hengste wollen versorgt und bewegt sein. Rastlose Tätigkeit füllt den Tag bis in die Nachtstunden. Der Gast ist gehalten, sich in den Tagesrhythmus einzufügen, für Müßiggang bleibt wenig Zeit. Ellen Graepels Umgang mit den Hengsten ist sachkundig und energisch, entschieden und liebevoll, wie Pferde es mögen. Pflegende Verrichtungen lassen die eigenwilligen Hengste geduldig über sich ergehen, kein Aufmucken, keine Aggression, Vertrauen zum Menschen ist augenfällig. Zuwendung und Fürsorge vergelten sie mit psychischer Entspanntheit und freiwilligem Gehorsam, wozu auch der leise Gebrauch der menschlichen Stimme erzieherisch beiträgt.

Der spanische Schritt ist nicht nur Schaueffekt, sondern vor allem eine gymnastizierende Übung für die Schulterfreiheit, die ebenso für die Passage von Nutzen ist. Die Lektion findet ihre natürliche Entsprechung im Angriffsgebaren des Hengstes.

schengrüne, taillenkurze Jacke, verzierte Zahones (lederne Beinschürzen) und kurze, rohlederne Reitstiefel. Sanft gleitet die Reiterin in den hochzwieseligen Vaquerosattel, um das Pferd nicht im Rücken zu stören. Seitengänge und Traversalen im Trab und Galopp wärmen den Hengst an. In der Piaffe, der „angeborenen Gangart" des Andalusiers, zeigt er vollendete Versammlung, in der Passage schwebt er schwerelos dahin. Waagerecht ausholend schaufeln die Vorderhufe Luft unter den Rumpf und verzögern paradierend im Augenblick höchsten Raumgriffs.

Mit freudigem Eifer und zurückhorchenden Ohren nach Signalen seiner Reiterin forschend, arbeitet er willig und selbsttätig mit. Für den Höhepunkt der Darbietung hakt Ellen Graepel die Zügel am Gürtel ein und reitet freihändig ohne Zügelführung, in jeder Hand eine Banderilla haltend. Der Hengst gleitet in die Passage, imponiert im spanischen Schritt und kreiselt mehrmals hintereinander in fließenden Galopp-Pirouetten um sich selbst, die den Vergleich mit spanischen Meisterreitern wie Manuel Vidrie oder Alvaro Domecq nicht zu scheuen brauchen.

Ellen Graepels spanische Variante klassischer Reitkunst vermittelt den Eindruck eines heiteren,

Levade mit tiefer Hankenbeuge. Das Pferd muß unter der Reiterlast den gemeinsamen Schwerpunkt ausloten. Das Gleichgewicht ist gefunden, wenn eine gedachte Senkrechte durch den Reiter auf die Hinterhufe trifft. Der Reiter unterstützt die Gleichgewichtssuche des Pferdes, indem er den Sitz leicht nach hinten verlagert. Er darf sich im Reflex keinesfalls vorbeugen, weil er dann das Pferd nach vorn niederdrückt und aus dem Gleichgewicht bringt.

Die lange Lanze mit der scharfen Eisenspitze ist verlängerter Arm und Arbeitsgerät des Vaqueros. Sie dient zum Treiben und Niederwerfen junger Stiere, hält aggressive Stiere auf Distanz und fixiert den Blick eines Stieres am Boden, um ihn von der Herde fortzulocken.

tänzerischen Reigens, der reiterliche Schwierigkeiten vergessen läßt.

Der braune Hengst Piropo ist Spezialist für Manöver der Gebrauchsreiterei der Vaqueros. Die Garrocha (3m lange Lanze) unter den Arm geklemmt, demonstriert Ellen Graepel fließende Pirouetten im Galopp, stemmt dann die Stange schräg in den Boden, galoppiert im Kreis um den Stichpunkt, wendet das Pferd unter der Lanze und galoppiert flüssig in Gegenrichtung auf dem Zirkel weiter. Genaues Taxieren, präzise Hilfen des Reiters und willige Mitarbeit des Pferdes sind erforderlich, damit der Pferdekopf in der Wendung nicht mit der Lanze kollidiert.

Schon als Kind fühlte sich Ellen Graepel von Pferden magisch angezogen. Mit zwölf Jahren erhielt sie ersten Reitunterricht, die reiterliche Begabung entwickelte sich schnell. Zwei Jahre später erwarb sie das Jugend-Reitabzeichen und mit fünfzehn ging ein heiß ersehnter Teenager-Traum in Erfüllung, sie durfte ein Pferd ihr eigen nennen. Auf ländlichen Turnierveranstaltungen sammelte sie Erfahrungen in verschiedenen Reitdisziplinen und entdeckte ihre Vorliebe für Dressur. Das junge, aufstrebende Talent erfuhr offizielle Förderung und erhielt Gelegenheit, unterschiedliche Pferde zu reiten und auszubilden. Nach Erwerb eines zweiten Pferdes, das gewinnreichstes Turnierpferd der Region werden sollte, bestritt sie auf eigenen und ihr anvertrauten Pferden eine Vielzahl von Wettbewerben. Lehrgänge renommierter Reitpädagogen erweiterten ihren Erfahrungsschatz. Dennoch betont die forsche Reiterin, daß die Pferde ihre wahren Lehrmeister seien. In der Sturm- und Drangzeit ihrer Turniersportjahre errang sie im In- und Ausland über dreihundert Siege bis zum Schwierigkeitsgrad Klasse S.

Auf dem Höhepunkt sportlichen Erfolges erfuhr die reiterliche Laufbahn Ellen Graepels eine folgenschwere Zäsur. Durch Verkettung unglücklicher Umstände verlor sie ihre Pferde, in ihrer Verzweiflung faßte sie den Entschluß, dem Turniersport abzuschwören und den Fuß nie wieder in den Steigbügel zu setzen, um der Kreatur reiterliche Drangsal zu ersparen. Doch die Passion für das Pferd war stärker. Eine Vorführung andalusischer Reitkunst wurde zum Wendepunkt, der künftig ihr Reitverständnis bestimmen sollte. Spontane Begeisterung für Rittigkeit und Sensibilität, Charme und Eleganz des andalusischen Pferdes verdrängte die gefaßten Vorsätze. Ihr wurde bewußt, daß sie in dieser Reitweise eigentlich schon immer hatte reiten wollen, kreativ und tänzerisch, ohne Vorgabe einschränkender Wettbewerbsbedingungen. Regelmäßige Spanienreisen, Besuche in der Königlich-Andalusischen Reitschule und in Gestüten, Kontakte mit spanischen Dressurreitern machten sie mit der spanischen Reitweise vertraut.

Die leichtfüßige, folkloristisch eingefärbte Reitweise der Spanier entspreche ihrem Temperament weit mehr als der von nüchternen Richtlinien bestimmte Turniersport, der dem Pferd wenig Freiraum und dem Reiter kaum Impulse lasse, bekundet Ellen Graepel. Grundlage reiterlicher Harmonie seien Einfühlung des Menschen in die Wesenheit des Pferdes und unbegrenztes Vertrauen des Tieres zum Menschen. Stimmliche Ansprache übe dabei beträchtlichen Einfluß auf die Pferdepsyche aus. Das Selbstbewußtsein des Pferdes dürfe niemals gebrochen werden. Auf zahlreichen öffentlichen Veranstaltungen im In- und Ausland demonstriert Ellen Graepel überzeugend ihre Reitkunst vor großem Publikum.

Das „Hinknien", mithin das Verkleinern der Statur, bedeutet in der Körpersprache des Pferdes Unterwerfung und verdeutlicht ihm auf zwanglose Weise die Führungsrolle des Menschen.

Deutschland 85

Tänzer an leichter Hand

Die reiterliche Essenz des barocken Ausbildungsprogramms der Spanischen Reitschule in Wien wird zunehmend Vorbild für anspruchsvolle Dressurreiter im privaten Bereich. So zählt **Richard Hinrichs,** Schüler und Bewunderer der Wiener Reiter-Elite, zu den profiliertesten Jüngern barocker Reitkunst, die den Hufspuren eines Alois Podhajsky, Richard Wätjen oder Nuno Oliveira folgen und außerhalb des Sportgeschehens nach reiterlicher Vollkommenheit streben.

Richard Hinrichs lebt mit seinen Pferden in einer ländlichen Region Niedersachsens. Wohn- und Stallgebäude liegen hinter Bäumen und Büschen verborgen. Im Schatten hoher Bäume führt ein schnurgerader Weg zu den Stallungen. Das Geräusch nahender Schritte läßt die Pferde aufhorchen, ihre Köpfe erscheinen wie auf Kommando in den offenen Boxenfenstern und wittern dem Besucher neugierig entgegen. Die breit bemessene Stallgasse, die in die Reithalle führt, wird von geräumigen Boxen flankiert. Zeitlose Stille im Dämmerlicht des Reithauses, die mitunter durch gedämpfte Hufschläge und gelöstes Schnauben aus Pferdenüstern unterbrochen wird. Richard Hinrichs arbeitet einen jungen Friesenhengst an feinfühliger Hand, mit leiser Stimme und souverän und statuesk in der Körperhaltung. Pferdegerechte Körpersprache, die dem natürlichen Herdenverhalten entlehnt ist und Kommandos deutlich unterstreicht, gehört ebenso zur Ausbildung wie reiterliche Hilfengebung. Die sparsam touchierende Gerte unterstützt das Vortreten der Hinterhufe. Bisweilen gelingen vollendete Piaffe-Tritte. In der Kurbette an der Hand vermag sich der Hengst mehrere Sprünge hintereinander gleichgewichtig in der Senkrechten zu halten. Im Steigen reicht die Hankenbeuge vorerst zur Pesade, verspricht aber später eine ausgewogene Levade zu werden.

Ruth Giffels, Partnerin von Richard Hinrichs, probt unterdessen auf ihrem Lusitanohengst Fadista, einem virtuosen Trabtänzer, Trabverstärkungen bis zum Überfliegen und Trabverkürzungen bis zur Passage. Anschließend zeigt der 26jährige hannoversche Rappwallach Keno, der den Lebensweg seiner Reiterin seit ihrer Kindheit begleitet, unter ihrem vorbildlichen Sitz ausgewogene Piaffen und perfekte fliegende Galoppwechsel in allen Tempi.

Maestoso Gratia, schwarzer Lipizzaner und Leibroß des Hausherrn, wird hereingeführt. Der Hals wölbt sich in stolzer Rundung, wach und furchtlos blickt das Auge, die Ohren sind aufmerk-

Richard Hinrichs mit seinem schwarzen Lipizzaner „Maestoso Gratia", einem perfekt ausgebildeten „Tänzer an leichter Hand". Das eigenwillige „Einmann-Pferd" ist absolut auf seinen Reiter fixiert, es reagiert nahezu auf „gedankliche Hilfen".

Lehr- und Schauveranstaltungen im Reitzentrum Reken. Ausbildungskurse für fortgeschrittene Reiter, die das reiterliche Handwerk vermitteln, weiß Richard Hinrichs mit Schauvorführungen in reiterlicher Vollendung zu krönen, hier in der Passage.

sam gespitzt. Seine Haltung verheißt durchgezüchtete Rittigkeit alten Pferdeadels. „Ein majestätisch Roß, eines Fürsten würdig!" hätte der Herzog von Newcastle ausgerufen. Gelöst und fließend von Anbeginn gleitet der Tänzer an leichter Hand in Seitengänge und Traversalen. Dann Piaffe in Pirouettendrehung am durchhängenden Zügel. Der Majestätische richtet sich auf zum federnden Spannungsbogen, die Profillinie des Kopfes bleibt vor der Senkrechten, die unter den Rumpf gesetzte Hinterhand trägt nahezu das volle Gewicht.

Aus gebeugter Hinterhand hebt sich der Rappe kraftvoll in die Passage, schwebt in Zeitlupe dahin und läßt die Hufe für Sekundenbruchteile im Zenit verharren. Lotrecht sitzt der Reiter, der elastisch schwingende Pferderücken nimmt ihn mit, als sei er gewachsener Teil des Pferdekörpers. Die Hilfengebung bleibt unsichtbar, es scheint, als reagiere das Pferd allein auf die Gedanken des Reiters. Versammelter Galopp in der Traversale. Der Reiter setzt zur Pirouette an. Ruhig und gelassen wirft sich Maestoso herum, die Längsachse in Bewegungsrichtung gebogen, die Hinterhufe beschreiben einen kleinen Kreis und fußen gleichmäßig im Dreitakt-

Sechzehnjähriger Friesenhengst Jaro in der Piaffe, gymnastizierende Übung für die Versammlung, die zunächst an der Hand und dann im Sattel geschult wird, um dem Pferd die Gleichgewichtsängste zu nehmen und die Hankenbeuge zu trainieren.

galopp. Das war's, nach gelungener Lektion wird zur Belohnung sofort beendet. Richard Hinrichs steigt herab vom hohen Roß und gesellt sich diskussionsbereit zum Fußvolk. Kurt Albrecht, ehemals Leiter der Spanischen Reitschule in Wien und alljährlich fachlich beratender Gast im Hause, kommentiert und korrigiert, lobt und tadelt auf hohem Niveau und weiß kritischen Anmerkungen mit wienerischem Charme gewisse Schärfen zu nehmen. Richard Hinrichs ist mit Pferden aufgewachsen. Die Eltern, Schüler der Spanischen Reitschule in Wien und zeitlebens passionierte Reiter, hielten Pferde am Haus und machten den Sohn in täglicher Tuchfühlung mit Pferden vertraut. Mit neun Jahren erhielt er systematischen Reitunterricht, ab sechzehn nahm er an Lehrgängen Egon von Neindorffs teil, um Theorie und Praxis zu erweitern. In Wien, der Hochburg barocker Reitkunst, nahm er während des Jurastudiums Unterricht bei Oberbereiter Kottas. Seither läßt er seine reiterliche Entwicklung vom Vater, der mit dreiundachtzig Jahren noch täglich im Sattel sitzt, und von Kurt Albrecht sporadisch überprüfen.

Einzelvorführungen und Reiter-Quadrillen im barocken Habitus haben Richard Hinrichs und seine Schüler auf öffentlichen Veranstaltungen bekannt gemacht.

Richard Hinrichs verwahrt sich strikt gegen den Mißbrauch des Pferdes als Sportgerät und hat wettbewerblichem Turniersport eine Absage erteilt, weil Einengung in einen vorgegebenen Rahmen und Automation Niveauverlust bedeuten. Sein Reitverständnis beruht auf weitgehender Zwanglosigkeit und Hineinhorchen in die Psyche des Pferdes. Reiten ist für Richard Hinrichs intuitive Zwiesprache zwischen Mensch und Tier, ist in Spannung gehaltene Harmonie, die das Pferd über den Nervenreflex zu selbsttätiger Mitarbeit anregt.

Cavalleria classica

Das Reiter-Trio Cavalleria classica hat sich mit Leib und Seele der klassischen Reitkunst verschrieben. Die Schwestern **Kathrin** und **Barbi Jung** und **Klaus Möhle** fanden zu einer Reitgemeinschaft zusammen, um in gemeinsamer Passion ein hochgestecktes Ziel zu verwirklichen. Der reiterliche Anspruch bewegt sich im Rahmen barocker Tradition und strebt die Lektionen der Hohen Schule an. Perfekter reiterlicher Sitz und durchgymnastizierte Rittigkeit des Pferdes sind Zielsetzungen, denen gleichermaßen größte Aufmerksamkeit geschenkt wird. Ansporn und Vorbild für das angestrebte Ziel vollendeter Harmonie zwischen Pferd und Reiter sind das Programm der Spanischen Reitschule in Wien, die Reitkunst ihrer Bereiter und der perfekte Ausbildungsgrad der Lipizzanerschimmel. Kathrin Jung, treibende Kraft des Trios, erhielt seit dem sechsten Lebensjahr Reitunterricht und nahm bereits im Alter von zehn Jahren an turniersportlichen Dressurprüfungen teil. Das Talent der jungen Reiterin wurde alsbald von Fachleuten wahrgenommen. Offizielle Förderung in Schulungslehrgängen und Aufnahme in den bayerischen Junioren-Dressurkader steigerten rasch die reiterlichen Fähigkeiten, so daß sie schließlich an Dressurmeisterschaften bis Klasse S teilnehmen konnte. Schon mit zwölf Jahren besaß Kathrin Jung ihr eigenes Dressurpferd, dem bald ein zweites folgte. Nach zehnjähriger erfolgreicher Turnierlaufbahn konnte sie etwa 300 Plazierungen und Siege bis Dressurklasse S vorweisen. Obgleich mit dem Reitverständnis des Dressursports aufgewachsen, galt ihre wirkliche Liebe der klassischen Reitkunst,

Das Reiter-Trio „Cavalleria classica" (Kathrin und Barbi Jung und Klaus Möhle) hat sich der klassischen Reitkunst im Sinne der Spanischen Reitschule verschrieben. Die Schauveranstaltungen zeichnen sich durch solide Ausbildung der Lipizzanerhengste aus.

die letztendlich die Oberhand gewann. Barbi Jung profitierte seit früher Kindheit von der reiterlichen Begabung der älteren Schwester, die sie mit dem Wesen des Pferdes und der reiterlichen Hilfengebung vertraut machte. Nach vollendeter reiterlicher Ausbildung übernahm sie die Turnierpferde ihrer Schwester und begeisterte sich für den Dressursport. Eine dreijährige Fachausbildung in einem Dressurstall in Kanada vervollständigte ihre reiterlichen Erfahrungen. Nach der Rückkehr in die Heimat folgte sie der Passion der Schwester, wendete sich der Schulreiterei zu und erwarb einen Lipizzanerhengst, um im Pas de trois der Cavallerica classica mitzuwirken. Neben ihrer Vorliebe für die klassische Reitweise bildet sie Reiter und Pferde für den Dressursport aus.

Klaus Möhle, drittes Mitglied im Reiter-Trio und weitgehend reiterlicher Autodidakt, setzte erstmals im Alter von zwanzig Jahren seinen Fuß in den Steigbügel, um als Freizeitreiter das Glück auf dem Pferderücken zu suchen. Ein Jahr später erwarb er ein eigenes Pferd, das ihm die Probleme reiterlicher Hilfengebung verdeutlichte. Freimütig bekennt er, daß die Begeisterung weit größer gewesen sei, als reiterliches Können. Gleichwohl blieb die Passion ungebrochen. Gern ließ sich Klaus Möhle von Kathrin Jung für die Schulreiterei motivieren, schon seit Jugendzeiten waren Lipizzaner seine Traumpferde gewesen. Intensive Ausbildung auf einem perfekten Schulpferd unter Anleitung Kathrin Jungs förderte seine reiterliche Begabung zutage und festigte Sitz und Hilfengebung.

Die Stallungen der Reitgemeinschaft beherbergen fünf Lipizzanerhengste in verschiedenen Altersstufen und Ausbildungsstadien. Die Cavalleria classica ist in öffentlichen Schauvorführungen mittlerweile zum Begriff für solide und seriöse Schulreiterei geworden, die auf natürlichen Bewegungsabläufen des Pferdes aufbaut. Bemerkenswert ist die sachkundige Erziehung der eigenwilligen Hengste, die dem Menschen psychisch entspannt und vertrauensvoll entgegenkommen. In öffentlichen Vorführungen werden die Lektionen der Hohen Schule von den Schulen auf der Erde bis zu den Schulsprüngen dargestellt, die sich am Beispiel der Spanischen Reitschule orientieren.

Die Ausbildung zur Kapriole erfolgt zunächst an der Hand mit touchierender Gerte und später, nachdem die Hinterhand durch Gymnastizierung der Hankenbeugung gekräftigt ist, unter dem Sattel. Lipizzanerhengst unter Barbi Jung in der Kruppade, der Vorstufe zur Kapriole.

Kurbette an der Hand im Ausbildungsstadium. Der Sprung auf den Hintergliedmaßen gerät vorerst noch flach und kurz. Das junge Pferd muß sein Gleichgewichtsempfinden stabilisieren, um später mit voller Kraft aus der gebeugten Hinterhand vorwärts springen zu können.

Deutschland

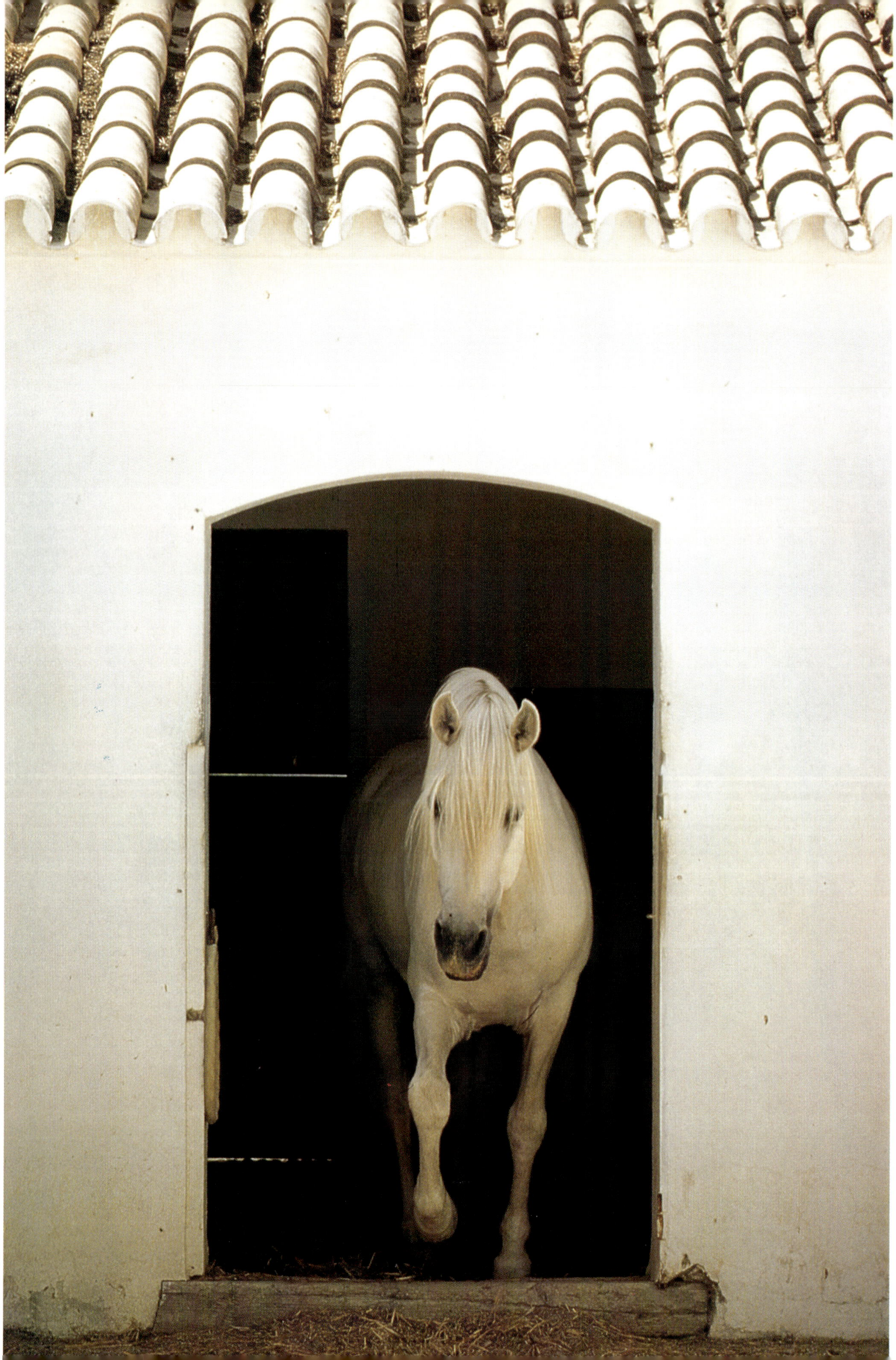

Das höchste Glück der Erde

Kommerziell orientierter Wettbewerb vernichtet die Poesie des Reitens, überzogener wettbewerblicher Ehrgeiz degradiert das Pferd zum Sportgerät. Reiten allein um des Reitens willen, das die Sorge um das Wohlergehen des Pferdes einschließt und keiner Vorgabe verpflichtet ist, kann zur Kunstform gedeihen.

Liebevolle Behandlung und Körperkontakt, energischer erzieherischer Wille und Kenntnis des Pferdeverhaltens, reiterliche Fähigkeiten und absolutes Vertrauen des Tieres zum Menschen, das niemals enttäuscht werden darf, sind Voraussetzungen für hohe Dressur.

Das Reithaus im Dämmerlicht und Stille, fern von der Geschäftigkeit des Tages, ist Stätte der Begrenzung und Konzentration, ist Tummelplatz für gymnastizierende Hufschlagfiguren und Wendungen, die das Pferd in den Dressurlektionen schulen. Das Reithaus bietet keinerlei Anlaß für Ablenkungen, die das Pferd irritieren. Die Begrenzung der Lauflinien durch die Bande mäßigt Vorwärtsdrang und Temperament. Die Aufmerksamkeit des Pferdes richtet sich ungeteilt auf den Reiter, der es zur Mitarbeit motiviert.

Der Schritt aus räumlicher Abgeschiedenheit hinaus in freie Natur, die sein ursprünglicher Lebensraum war, beglückt das Pferd. Den Kopf erhoben und den Blick in die Ferne gerichtet, mit vibrierenden Nüstern vielfältige Witterung aufnehmend, verharrt es, geblendet vom Tageslicht und versunken in die lockende Weite, reglos wie ein Denkmal. Das Erbgedächtnis regt sich, ruft schlummerndes Verhalten der Urahnen aus dem Wildleben wach, weckt leise Ahnungen von verlorener Freiheit.

Reiten in freier Natur kommt dem Fernweh des Lauftieres entgegen und sorgt für Wohlbefinden und ausgewogene Psyche. Beflügelt von Bewegungslust und Weite drängt es vorwärts und kommt treibenden Hilfen mitunter zuvor. Im Gelände, wo äußere Einflüsse ablenken und Fluchtinstinkte aufkommen können, erweist sich, ob das Pferd eine so-

94 Das höchste Glück

lide Schulung erfahren hat und gehorsam reagiert, und ob der Reiter sein Pferd souverän und gewaltfrei beherrscht.

Ein Ritt durch Wald und Flur auf vollendet ausgebildetem Schulpferd, das mit seiner Führung einverstanden ist, zählt zu den Höhenflügen reiterlichen Erlebens. Im Blickfeld des Reiters treiben die Pferdeohren ihr wißbegieriges Spiel, horchen aufmerksam rückwärts in Erwartung reiterlichen Dialogs, oder lauschen gespannt nach vorn, um Geräusche der Landschaft einzufangen. Im Rücken elastisch federnd schreitet das Pferd aus, mit dem entschiedenen Willen, sich selbst zu tragen und die Reiterlast in seinen wiegenden Gangrhythmus einzubinden. In Längsbiegung vollendet geschult, nimmt es sich die Freiheit, zuweilen verstohlen den Kopf zu wenden und forschende Seitenblicke in die Natur zu werfen – nachgebende Reiterhand gewährt auch bei Zügelaufnahme kleine Vertraulichkeiten. Lösender Galopp kommt dem Vorwärtsdrang des flüchtigen Lauftieres entgegen, streckt und dehnt den Körper in flüssiger Bewegung und läßt der Lebensfreude freiheitlichen Lauf. Zeitweilig darf es gemächlich am langen Zügel schlendern und zufrieden schnaubend den Hals strecken, bis die Zügelhand wieder das Zwiegespräch mit dem Pferdemaul sucht.

Vielleicht wird dem duldsamen Gefährten in diesem Augenblick ein wenig von jenem Glück zuteil, das der Mensch auf seinem Rücken empfindet?

Am langen Zügel schlendern lassen – das Pferd dankt einfühlsames Nachgeben mit der Dehnungshaltung, die auch eine Entspannung des Rückens bedeutet, die den Reiter im Rhythmus der Gangbewegung elastisch mitschwingen läßt.

Das höchste Glück

Register

A
Albrecht, Kurt 89
Alter Réal 19
Arabisches Vollblut 22
Aspekt, übergeordneter 8
Athen, Simon von 28
Ausbildungsmethoden, alte 20
Ausbildungszeit 41

B
Banderilla 68, 83
Baucher, Francois 74
Beizäumung 49 ff.
Belohnung 89
Bergaufgalopp 46
Bürkner, Felix 78

C
Cadre Noir 39, 73
Cartujano 19, 68
Cavendish, William 33

D
Denkmalshaltung 7, 21
Domecq, Alvaro 68, 83
Dressurausbildung, Grundlage der 41
Dressurpferde, iberische und barocke 10, 16

F
Fellfarben 22
Fluchttier 43
Frederiksborger 21, 23
Friese 21, 23

G
Galopp, lösender 95
Garrocha 84
Gebrauchszweck 8
Genetten 18, 22
Gerte, touchierende 86
Gesäßknochen 42
Gewichtsverlagerung 42
Giffels, Ruth 86
Gleichgewicht 39
Gleichgewichtsängste 77

Graepel, Ellen 81
Griechen 26
Griso, Federigo 20
Guérinière, Francois Robichon de la 35
Gymnastizierung 41

H
Hals 51
Handarbeit 41
Hankenbeuge 41, 44, 48, 76
Harddraver 23
Hengste 59
Himmelspferde, chinesische 40
Hinknien des Pferdes 60
Hinrichs, Richard 86

I
Imponiergehabe 58

J
Jerez de la Frontera 68
Jung, Kathrin und Barbi 89

K
Kappzaum 41
Kapriole 76
Karstpferd 22
Kehrtwendung 12
Kelten 14
Keltenpony 14
Kladruber 21, 23
Knabstrupper 21
Körpersprache, pferdegerechte 51
Kurbette 86

L
Levade 76, 86
Lipica 22
Lipizzaner 21
Longieren 41
Lörke, Otto 78
Losgelassenheit 41
Lusitano, portugiesischer 18

M
Marialva, Marquis von 72

Marschpferd 23
Möhle, Klaus 89

N
Neapolitanische Reitschule 20, 31
Neindorff, Egon von 78

O
Oliveira, Nuno 86

P
Parthenonpferde 25 ff.
Passage 86, 88
Pesade 86
Pferdetyp, iberisch 16
Phidias 24
Piaffe 86
Piber 21
Pignatelle 31, 34
Pilaren 32
Pirouette 13, 76, 83, 88
Pluvinel, Antoine de 32
Podhajsky, Alois 87, 86
Profillinie 88
Pura Raza Española (P. R. E.) 18

R
Ramskopf 16
Rangordnung 51
Raumgriff 70
Reitervölker des Ostens 40
Reitkultur, historische 78
Reitkultur, westliche 15
Reitkunst, barocke 86
Reitschule, portugiesische 72
Reitverständnis, antikes 27
Reitverständnis, barockes 8
Reitweise, germanische 76
Reitweise, klassische 39
Reitweise, romanische 76, 81
Remonte 51
Renvers 36
Rumpflage 76

S
Sattelwurf 18
Sauteur 74
Schlaufzügel 34, 51
Schubkraft 74
Schule auf der Erde 76
Schule über der Erde 76
Schulsitz 35
Schulsprünge 76
Schulterherein 36
Seitengänge 88
Seitsitz 63
Selbsthaltung 36, 50
Serreta 67
Sorraiapferd, portugiesisches 16
Spannungsbogen 13, 41, 44
Stechsattel 35
Stierkampf-Pferde 66

T
Traversalen 88

V
Vaquerosattel 83
Versammlung 13, 39, 46, 51, 76
Vidrie, Manuel 83
Vollblüter, englische 74
Voraussetzungen, körperliche und mentale 17

W
Warmblutpferdes, Zucht des 17
Wätjen, Richard 78, 86
Wettbewerb, kommerziell orientierter 93

X
Xenophon 27

Z
Zeiner, Ludwig 78
Zügel, durchhängender 88
Zügelführung, anlehnende 41
Zügelhand, nachgebende 41

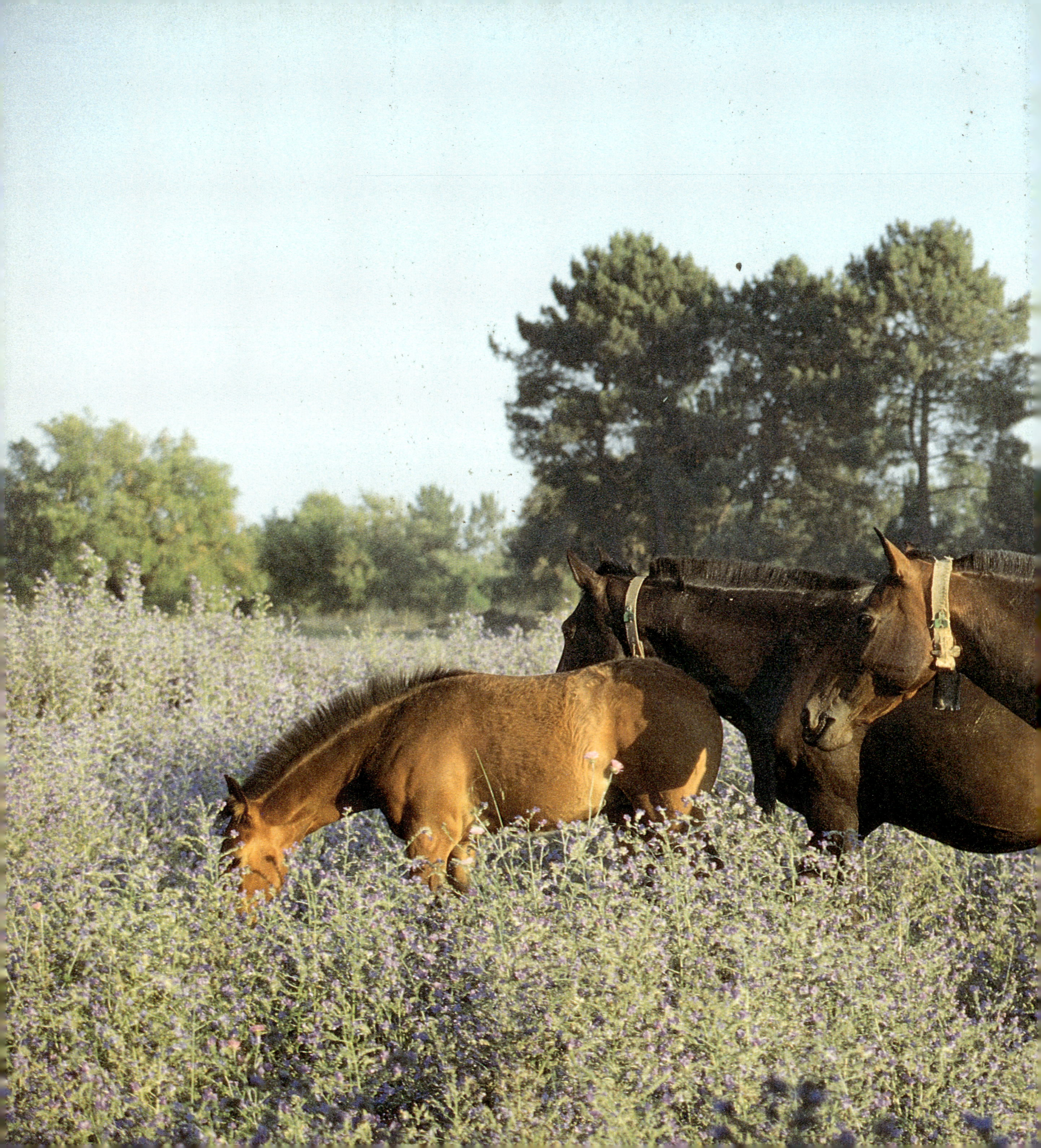